인생 절반은 나답게

JINSEI KŌHAN NO KOFUKURON 50 NO CHECKLIST DE JIBUN WO MINAOSU

신나게, 당당하게, 세련되게 살기 위해
지금부터 준비해야 할 50가지 체크리스트!

누군가를 위한 삶에서 나를 위한 삶으로

인생 절반은 나답게

사이토 다카시 지음 · 김윤경 옮김

심플라이프

머리말

나에게 집중하는 삶

언제부턴가 자주 듣는 말 '100세 시대'는 더 이상 먼 남의 이야기가 아니다. 2017년 후생노동성이 발표한 자료에 따르면 일본의 100세 이상 인구는 6만 명을 넘어섰다. 고작 30년 후인 2050년에는 100세 이상 인구가 55만 명에 달할 것이라고 한다. '100년 시대'라는 말을 널리 알린 책 『100세 인생』에서도 지금의 20대가 100세 이상, 40대가 95세 이상, 60대가 90세 이상 살 확률이 50퍼센트가 넘는다고 밝혔다.

인간이 100세까지 산다는 것은 재앙일까, 축복일까? 이 논의와는 별개로 수명이 점점 늘고 있는 것은 엄연한 현실이다. 이 엄청난 변화 앞에서 우리는 무엇을, 어떻게 준비해야 할까?

무엇이 삶의 질을 결정하는가

사회가 안정화되고 의료 기술이 발달하면서 인류가 이제껏 경험해보지 못한 장수 사회가 도래했다. 그중에서도 일본은 단연 선두를 달리고 있다. 본보기로 삼을 만한 선례가 없는 상태에서 새로운 시대를 맞이한 것이다.

젊은 50대, 이제는 노인 축에도 끼지 못하는 60대, 심지어 현역으로 활동하는 90대가 점점 늘어나면서 일하는 방식에도 패러다임의 변화가 생겨나고 있다. 대부분 60에서 65세 사이에 정년을 맞이하지만 그 뒤로도 3, 40년을 더 살아야 한다. 정년 후 작은 텃밭을 가꾸며 여유롭게 산다거나 골프를 치고 세계 곳곳을 여행하며 인생을 즐기겠다는 계획은 이미 현실과 동떨어진, 그야말로 꿈이 되고 말았다.

본래 '인생을 어떻게 살아갈 것인가'라는 물음은 주로 진로를 정하지 못해 방황하는 젊은이들이 끌어안고 있는 고민이었다. 하지만 이제는 제2의 인생을 설계해야 하는 50대 이후 세대가 진지하게 되물어야 하는 고민이 되어버리고 말았다.

그렇다면 우리는 50세 이후 어떻게 살아야 할까? 무엇을 중시하고, 무엇을 추구하며 살아야 할까? 많은 사람이 "나이가 들수록 돈이 가장 중요하다", "누구에게도 재산을 물려주지 말고 손에 꼭 쥐고 있어야 한다"고 말한다. 물론 경제력은 인생 후반기 삶의 질을 결정하는 매우 중요한 요소다. 하지만 과연 돈이 전부일까? 돈만 있으면 행복할까? 나는 그렇게 생각하지 않는다. '나는 어떻게 살 때 행복을 느끼는 사람인가' 가치관을 재확인하는 것이 훨씬 더 중요하다. 돈이 많다고 반드시 행복한 것도 아니고 그저 오래 산다고 좋은 것도 아니다. 그동안 우리는 돈을 좇느라 정작 내가 무얼 좋아하는지, 무얼 하고 싶은지 생각할 겨를 없이 바쁘게 살아왔다. 이제라도, 남은 인생 절반이라도 나를 돌보며, 나를 위해 살아야 하지 않을까.

인생 절반, 어떻게 살아야 할까?

이 책에서 나는 인생의 절반 지점에 이른 독자들이 자신의 삶을 돌아보고 다시 정비할 수 있도록, 유례없는 초고령 사회에서 무엇을 추구하며 살아야 할지 어떤 방향으로 인생의 궤도를 수정해야 할지에 대한 해답을 찾을 수 있도록 50가지 질문을 정리해두었다.

후반기의 인생을 새롭게 설계하려면 우선 '현재 자신의 모습'과 '앞으로 자신이 추구할 목표' 이 두 가지를 분명하게 인식해야 한다. 그래야 내가 원하는 방향으로, 내가 즐거운 방향으로 앞으로의 인생을 그려나갈 수 있다. 2장에서 내가 제시한 질문에 하나하나 답해나가다 보면 자신의 가치관, 사고방식의 근간에 자리하고 있는 '진짜 나', '진짜 내가 좋아하는 것'이 모습을 드러낼 것이다.

인생의 궤도는 단번에 혹은 짧은 시간 안에 수정할 수 없다. 50여 년의 세월을 거쳐 지금의 내가 존재하는 만큼 방향을 바꾸는 데도 당연히 시간이 필요하다. 급하게 방향을 전환하다 쓰러지지 않도록 천천히 시간을 들여 자신을 되돌아보고 '나는 어떤 사람이 되고 싶은가', '어떻게 살고 싶은가'를 확인하며 자신이 그리는 방향으로 나아가야 한다.

중요한 건 자신이 가치 있다고 느끼는 일을 얼마나 소중히 여기며 살아갈 수 있는가다. 이것이 인생 후반을 행복으로 이끄는 가장 중요한 요소라고 믿는다.

많은 사람이 나이 드는 일을 부정적으로 생각한다. 세월에서 멀어져 가능하면 젊게 살고 싶어 한다. 하지만 50대가 되어 좋은 점도 분명 존재한다. 어쩌면 생각보다 많은 장점을 발견할 수도 있을 것이다. 50대가 되면 더 이상 비교하고 경쟁하는 데서 행복을 찾지 않는다. 자신의 가치관에 따라 얼마든지 행복해질 수 있는 영역으로 들어선다. 그런 의미에서 '내'가 중심이 되어 진정한 인생의 기쁨을 맛볼 수 있는 시기는 분명 이제부터 시작일지 모른다.

지금 나는 쉰여덟 살이다. 나 또한 한창 내 인생을 재검토하며 궤도를 수정하는 중이다. 이제 본격적으로 책 속으로 들어가 남은 인생을 즐겁게, 웃으며 살아가려면 어떻게 해야 할지 함께 그 해답을 찾아보자.

차례

2장 내 인생을 변화시킬 50가지 질문

1장

세련되게 나이 들기 위하여

◑

전환기를 맞이한 당신에게

50대는 대개 이런저런 변화가 나타나는 시기다. 나는 그대로인데 나를 둘러싼 주변 환경이 속절없이 변해가는 것만 같다.

직장에서는 정년퇴직, 인사 발령, 좌천, 전근 같은 변화가 찾아온다. 치열하게 일했던 제일선에서 물러나기도 하고, 삶의 보람을 가져다주었던 임원직에서 내려오기도 하며, 안 그래도 박봉인 급여가 줄어들기도 한다. 경우에 따라선 후배에게 업무 지시를 받아야 하는 입장이 된다거나 전근을 동반한 좌천을 제안받기도 한다. 임원 승진을 목표로 앞만 보며 쉬지 않고 달려왔건만 임원은커녕 회사에서 쫓겨날 처지가 되어 절망하는 경우도 있다. 이대로 숨죽이고 회사의 지시를 따를 것인가 아니면 과감하게 사표를 던지고 나와 다른 길을 찾을 것인가.

앞으로 남은 3, 40년을 고려해 어떻게 일할 것인가, 무슨 일을 할 것인가 신중하게 고민해야 한다. 정년까지 아직 여유가 있다 하더라도 미리미리 상황을 점검하고 계획을 세워두는 것이 좋다.

가정에도 변화의 바람이 닥친다. 우선 자녀가 성장해 부모의 품을 떠난다. 독립해 나가거나 결혼해 분가하기도 하고, 직접 집을 떠나지 않더라도 독립된 인격체로서 자신만의 삶을 꾸리며 부모의 간섭을 거부한다. 자녀를 떠나보내며 부부 관계 역시 변화를 겪는다. 둘만 남았다는 사실에 더욱 돈독해지거나 이젠 내 삶을 찾겠다며 '졸혼'을 선언하거나 경우에 따라 황혼 이혼에 이르기도 한다.

50대가 되면 내가 나이를 먹은 만큼 연세가 많아진 부모님을 부양해야만 한다. 형제자매 중 누가 부모를 모실 것인가, 어떻게 일과 병행해나갈 것인가 현실적인 고민이 닥쳐온다.

게다가 본인의 건강에도 조금씩 적신호가 나타난다. 나이가 들면서 자연스럽게 면역력이 떨어진다거나 불규칙한 생활 습관, 심한 스트레스로 몸이 망가진다거나 전혀 생각지도 못했던 큰 질병이 갑자기 찾아오기도 한다.

나도 40대 후반에 건강에 이상이 생겨 병원 신세를 진 적이 있다. 무리하고 있다는 사실을 전혀 의식하지 못했는데, 의뢰

받은 일을 거절하지 않고 모두 받았더니 결국 몸이 신호를 보내왔던 것이다. 이대로는 큰일 나겠다 싶어 일을 덜어내고 일정을 조정했다.

이렇듯 50세 전후로 삶을 뒤흔드는 변화가 다양한 방면에서 찾아온다. 이 시기를 어떻게 보내느냐에 따라 이후의 일생이 전혀 다른 방향으로 전환될 수 있을 만큼 커다란 변화다. 그리고 이런 변화 속에서 '이제부터 나는 어떻게 살아가야 하는가'라는 물음이 젊을 때와는 완전히 다른 감각과 형태로 찾아오는 것이다.

◑

30대의 행복과 50대의 행복은 다르다

나는 거의 모든 스포츠를 좋아한다. 그중에서도 특히 축구를 좋아해 프로 축구의 경우 밤을 새면서까지 유럽 리그를 찾아본다. 경기를 워낙 자주 보다 보니 어느 순간 축구가 우리의 인생과 참 닮았다는 생각을 하게 되었다.

강한 팀이 승리하는 비결 혹은 훌륭한 감독의 역량은 하프타임 때 논의하는 재정비 전략에서 나온다. 전반전 경기에서 잘한 점과 못한 점을 냉철하게 분석해 후반전 전략을 다시 세운다. 조정력이 뛰어난 감독은 하프타임 때 선수들에게 적확한 지시를 내리고 효과적으로 선수 교체를 단행한다.

전반전에 잘 싸웠다고 해서 후반전에도 그 기세를 그대로 밀고 나갈 수 있는 건 아니다. 체력이 떨어지면서 아주 사소한 실수로 단번에 경기 흐름이 뒤바뀌기도 하고 반대로 교체 선수가 들어온 뒤 팀 분위기가 살아나 대역전극을 펼치기도 한다. 결국 마지막에 웃는 팀은 '하프타임'을 능력껏 활용한 쪽이다.

50세라는 인생의 전환점에서 다시금 자신을 돌아보고 궤도를 수정하는 일은 하프타임 때 새로운 전략을 세우는 것과 비슷하다. 지금까지 상당히 순조롭게 살아온 사람도, 줄곧 인생이 꼬이기만 했던 사람도 이미 끝난 전반전에 얽매이지 말고 이제부터 새로 마주할 후반전에 대비해 마음을 다잡고 자세를 전환해야 한다. 하프타임인 50세에 우리는 인생을 리셋할 수 있다.

리셋이라고 해서 모든 것을 뒤바꿔 전혀 새로운 삶을 시작하라는 말이 아니다. 지금까지 쌓아온 경험과 성과, 자신이 지향하는 가치관을 버무려 앞으로 어떻게 살아갈지를 다시 생각해 보자는 것이다. 젊은 시절과 비교하면 체력이 약해지고 활력이 떨어지는 게 사실이다. 그러나 체력과 활력 대신 유연한 대응력, 깊은 사고력, 냉철한 판단력, 사물을 꿰뚫어 보는 통찰력을 얻은 것 또한 사실이다. 따라서 자신을 재수정하는 작업은 세월을 거치며 획득해온 이런 자질을 새로 발견하고 재확인하는 일이기도 하다.

20대, 30대가 그리는 행복과 50대가 그리는 행복은 당연히 다르다. 그 사실을 깨닫는 것이 리셋에 성공하느냐 마느냐를 가르는 중요한 열쇠다.

이웃집 잔디가 우리 집 잔디보다 더 푸른지 누런지에 신경 쓰지 말고 지금 내가 얻을 수 있는 행복, 즉 내 나름대로의 행복을 찾아 나선다면 인생 후반이 훨씬 즐겁고 풍요로워질 것이다.

◑

인생의 황금기는 지금부터

앞으로 100세까지 살게 된다면 인생이라는 무대를 인식하는 방식 역시 지금까지와는 달라야 한다. 장기적인 안목을 가지고 보다 넓게 바라볼 필요가 있다. 나는 인생을 크게 네 단계로 나눈다.

1기 • 태어나서 25세까지 – 성장기

부모와 사회의 보호를 받으며 성장하는 시기다. 20세가 되었더라도 학생인 동안은 아직 미성년자다. 요즘은 자립한 어른이라는 자각이 몸에 배는 시기가 옛날에 비해 많이 늦어졌다. 따라서 사회인임을 자각하고 안정을 이루어 비로소 한 사람의 어른이 되는 나이는 대체로 25세 전후부터다.

2기 • 25세부터 50세까지 – 활성기

사회를 활성화시키는 중심층이 되는 시기, 즉 한창 일에 몰두하는 중요한 시기다. 경험과 성과에 따라 사회적 위치가 점차 올라간다. 한 회사에서 줄곧 일하는 사람도 있고, 이직해 경력을 쌓는 사람도 있고, 자기 사업체를 열어 고군분투하는 사람도 있다. 사회에 나가 다채로운 방식으로 일하며 독립적으로 삶을 꾸려나간다. 요즘은 결혼하지 않는 사람이 증가하고 있으나 결혼해 아이를 낳고 키우는 시기이기도 하다.

3기 • 50세부터 75세까지 – 원숙기(황금기)

인생이 반환점에 이르러 여러 방면에서 삶을 뒤흔드는 변화가 찾아오는 시기다. 회사에서는 정년을 맞이하고, 가정에서는 아이들이 독립해 품을 떠나고 부모를 봉양해야 하며, 자신

인생을 25년씩 네 단계로 나눈다.

100세

4기 • 자유기

- 진정한 '여생'이랄 수 있는 시기
- 주어진 책임과 의무를 모두 완수했다
- 남은 시간 동안 인생을 즐긴다

25년

75세

3기 • 원숙기(황금기)

- 자녀 양육 및 직업 활동이 일단락되는 시기
- 더 이상 타인과 비교하고 경쟁하며 행복을 추구하지 않는다
- 자신의 가치관에 따라 행복을 좇는다
- 남은 인생을 풍요롭게 만드는 '수확'의 시기이다
- 앞으로는 '인생의 황금기'가 바로 이 25년!

25년

50세

2기 • 활성기

- 사회를 움직이는 중심층이 되는 시기
- 활발히 일하며 경력을 쌓는다
- 부모로서 자녀를 양육한다
- 지금까지는 이 시기를 '인생의 황금기'라고 생각해왔으나……

25년

25세

1기 • 성장기

- 부모와 사회의 보호를 받으며 성장하는 시기
- 아직은 미성년이다
- 독립적인 어른이 되기 위해 준비하는 기간이다
- 사회인이라는 자각을 몸에 익힌다

25년

0세

의 건강에도 하나둘 문제가 나타난다. 예전만큼 출세와 수입에 매달리지 않게 되고, 지금까지의 삶이 일단락되며 새로운 삶을 계획한다.

4기 • 75세 이후 – 자유기

사회인으로서 해야 할 책임과 의무를 완수하고 드디어 자유로워지는 시기다. 이때부터는 모든 것을 내려놓고 여생을 홀가분하게 보낼 수 있다. 물론 본인의 뜻에 따라 계속 현역으로 일하거나 각자의 가치관에 따라 남은 시간을 활용하면 된다. 4기가 가장 짧다고 생각할지 모르지만 본인이 어떻게 관리하느냐에 따라 이 단계가 가장 길어질 수도 있다. 이 기간에는 스스로 늙지 않도록 노력해야 한다는 것이 핵심이다.

◑

살아남느냐 스러지느냐

인생을 네 단계의 라이프 사이클로 나누는 사고방식은 예전부터 존재했다. 일본 소설가인 이쓰키 히로유키는 고대 인도 사상에 기초해 인생을 '학생기(学生期)', '가주기(家住期)', '임주기(林住期)', '유행기(遊行期)'로 나누었다.

'학생기'는 공부하는 시기, '가주기'는 직업을 갖고 생계를 이으며 가정을 꾸리고 재물을 모으는 시기다. 나머지 두 단계에서는 힌두교의 처세관이 드러나는데 '임주기'는 속세와 떨어져 자연에 몸을 두는 시기이고, '유행기'는 마음의 해탈을 추구하며 수행하는 시기다. 이쓰키는 이 네 단계를 현대인에게 맞게 다시 해석했다. 또한 인생의 각 시기를 사계절에 비유해 '청

춘(青春, 새싹이 파랗게 돋아나는 봄철)', '주하(朱夏, 타오르는 태양의 열기와도 같은 여름)', '백추(白秋, 낙엽이 되어 떨어지는 애상의 가을)', '현동(玄冬, 해가 일찍 지는 어둠의 겨울)'이라는 아름다운 말로 표현하기도 했다. 우리의 인생을 자연에 절묘하게 대비한 말이 아닐 수 없다.

50세부터 시작되는 3기는 '가을'에 비유된다. 지금까지 살아오며 노력했던 일들이 결실을 맺어 수확하는 시기다.

무척 중요한 시기를 가리켜 '위급존망(危急存亡)의 가을'이라고 말한다. 살아남느냐 스러지느냐의 갈림길, 풍요로운 겨울을 보내느냐 춥고 고단한 겨울을 보내느냐의 갈림길을 '가을'이라는 단어로 표현한 것이다. 따라서 이 3기를 어떻게 보내느냐가 인생을 어떻게 마무리하느냐에 절대적인 영향을 미친다.

선택은 개개인의 몫이다. 이 시기를 아무 생각 없이 허투루 지낼 것인가 아니면 틀림없이 '위급존망의 가을'이라 인식하고 지낼 것인가. 수확해야 할 결실을 눈앞에 두고도 바라만 볼 것인가, 땅이 얼고 눈이 내리기 전에 활기차게 움직여 풍요로운 겨울을 맞이할 것인가. 인생 후반 행복의 열쇠는 다른 누구도 아닌 바로 자신의 손에 쥐어져 있다.

◑

인생의 '고비'가 아니라 '기회'

많은 회사가 정년을 60세로 잡고 있다. 연금 수급 개시 연령이 65세로 높아지면서 희망자에 한해 65세까지 고용을 연장할 수 있게 되었지만 현실적으로 고용 연장과 관련해 회사에서 제시하는 조건이 상당히 까다롭다.

어쨌든 이러니저러니 해도 많은 사람이 60에서 65세 사이에 정년을 맞이해 직장을 떠난다. 오랜 시간 몸담아온 회사에서 나와 경제력을 잃게 되면 미래에 대한 불안감이 엄습해온다. 정년 이후 인생이 30년, 40년이나 남은 100세 시대에는 남아 있는 시간만큼 불안감이 가중된다. 이럴 땐 이 시기를 인생의 큰 고비라고 받아들이지 말고 새롭게 출발할 수 있는 기회라고 사고방식을 전환해야 한다.

인생 후반기를 또 다른 기회로 만들려면 정년이 코앞에 닥친 뒤에야 '회사를 그만둔 후 무엇을 할지' 생각해서는 안 된다. 50대에 들어서면 준비를 시작해야 한다. 이 준비 단계에서 이미 인생이 다음 무대로 들어섰다고 생각하자. 지금까지 살아오며 얻은 경험을 토대로 인접한 영역으로 나아간다. 미리미리 계획을 세워 여러 분야에 도전해보는 것이다.

자신의 인생을 되돌아보라. 세상에 태어난 순간부터 한 사람의 몫을 하는 어른으로 성장해 사회에 나가 일할 때까지 25년 동안 얼마나 많은 것을 배우고 획득했는가.

25세부터 50세까지 직장과 가정에서 얼마나 많은 것을 이루어왔는가. 성공과 실패를 두루 경험하고 기쁜 일, 슬픈 일이 수 없이 반복되었을 것이다. 나도 모르는 새 25년 동안 쌓아온 것들이 참으로 많을 것이다.

3기에도 1기나 2기 때와 똑같은 시간이 주어진다. 50세에 시작해 25년 동안 무언가를 이룬다고 생각하면 다양한 가능성을 고려해볼 수 있다.

정년을 인생의 '고비'로 생각하면 65세 이후 불안감에 압도당하거나 공연히 무력감에 빠져든다. 한없이 바닥으로 가라앉아 '인생의 절정기는 이미 지났다. 이제부턴 노후다'라는 의식을 갖는다면 늙기 싫어하면서도 사실상 자신을 '노년층'이라는 틀에 가둬놓고 할 수 있는 일조차 외면하며 시야를 좁히고 만다. 너무 아깝지 않은가.

이제는 '정년 전, 정년 후'라는 고정관념에서 벗어나야 한다. '탈진증후군'이라는 말을 들어봤는가? 어떤 일에 몰두하던 사람이 목표를 성취한 후 갑자기 상실감을 느낄 때 나타나는 증상으로 올림픽에서 금메달을 딴 선수나 오래도록 염원하던 꿈을 이룬 사람들이 종종 겪는다. 되돌아보면 '졸업'도 우리의 인생에서 중요한 고비였다. 치열하게 공부해 원하는 대학에 합격한 뒤 탈진증후군이 찾아올 수 있었다. 하지만 대학 생활에 대한 기대감이 가득해 졸업이 주는 일말의 쓸쓸함에 빠져 있지 않았다. 정년도 마찬가지다. 앞으로 전개될 인생을 진취적인 마음으로 맞이하면 남은 시간을 '고비'가 아니라 '기회'로 삼을 수 있을 것이다.

◑

내 속에 숨은 어린아이를 찾아서

50대를 맞이한 사람들에게 나는 이런 제안을 하고 싶다.

- 정년 전, 정년 후라는 개념에서 벗어나자.
- 이 시기를 '인생의 황금기'로 삼고 얼마나 충실하게, 얼마나 활기차게 살 수 있는지 생각하자.
- 그리고 이를 실천하자.

인생의 황금기란 무엇일까. 나는 이렇게 정의한다.

행복하고 만족스러운 인생을 살려면 나이 듦을 자연스럽게 받아들여야 한다. 그리고 자신의 가치관에 따라 마음이 기뻐하는 삶을 추구한다.

최대한 오래 현역으로 일하고 싶다면 내 제안대로 살아보기를 권한다. 인생 100년 시대에는 75세 이후에 노후가 시작된다. 65세가 되면 간병보험 피보험자증(일본에서는 건강보험증과 별개로 해당 연령이 되면 시, 구 및 지역단체 단위로 이를 교부한다-옮긴이)이 발급되어 초기 고령자로 분류되지만 이런 사회적 분류에 휩쓸리지 말고 '나는 나'라는 자세를 가질 필요가 있다. 나를 어떻게 정의하느냐에 따라 마음가짐이 달라지는 게 사실이다. 스스로 '나는 노인이다'라고 정의하면 자신도 모르는 새 노인처럼 행동하고 노인처럼 대접받으려 한다. 반대로 '나는 아직 젊다'고 생각하면 활기를 잃지 않고 내 손으로 할 수 있는 일을 찾아 나선다.

신기하게도 몸과 마음은 같은 속도로 나이 들지 않는다. 신체적인 조건은 예전만 못할지라도 마음은 늘 30대, 아니 20대 정도에 머물러 있으려 한다. 이런 마음을 자신의 손으로 직접 몸과 같은 자리에 가져다 놓으면 그 순간 심신이 급속도로 기력을 잃는다.

따라서 이제부터라도 타인이 붙인 호칭, 사회가 나눈 분류에 나를 맞추지 말고 마음이 시키는 대로 살아보자. 인생 100년 시대의 50대는 인생 80년 시대의 40대와 같고 60대는 50대와 같다. 충분히 젊고, 충분히 활동적이며, 충분히 많은 가능성을 품고 있는 나이다. 어떤 마음가짐을 가지고 어떤 자세로 살아가느냐에 따라 인생 후반기를 밝고 건강하게 보낼 수 있다.

105세에 세상을 떠난 의학자 히노하라 시게아키 선생은 평생을 현역으로 산 분이다. 100세가 넘은 뒤에도 "2년 후, 3년 후까지도 의료 일정이 꽉 차 있습니다"라고 말하며 웃으셨다. 이런 분이야말로 마음이 기뻐하는 삶, 마음이 시키는 대로의 삶을 산 분이 아닐까. 언젠가 히노하라 선생과 악수를 나눈 적이 있다. 그때 선생의 악력이 생각보다 강한 데 깜짝 놀랐다. 생명력이라는 것은 역시 살아가는 자세와 관련 있다는 사실을 다시 한 번 깨달았다.

◑

50세 이후 진짜 삶을 살다, 이노 다다타카

일본의 전통 예술 라쿠고(落語, 기모노를 입은 라쿠고카〔落語家〕가 나와 앉아서 재미있고 해학적인 만담을 풀어낸다 – 옮긴이)에는 박식한 노인이라는 설정으로 '은퇴자'가 자주 등장한다. 이 노인은 몇 살 정도 되었을까. 80세? 70세? 아니다. 대략 50세를 조금 넘겼다. 라쿠고 문화가 성립되어 꽃을 피운 에도시대에는 50세 정도가 되면 자식에게 가장권을 물려주고 은거 생활에 들어가는 사람이 많았다. 따라서 라쿠고에는 은퇴한 노인이 노래, 악기, 춤을 배우는 이야기가 자주 등장하는데 그중에는 느긋하게 놀고 즐기는 사람만 있었던 건 아니다.

50세 이후를 인생의 황금기로 삼은 본보기 같은 존재가 바로 이노 다다타카다. 일본 전국을 돌아다니며 땅을 측량해 실측에 기초한 최초의 일본 전도(全圖)를 만들어낸 인물이다. 그가 이룬 위대한 업적은 은퇴 후인 50대에 시작되었다.

이노 다다타카는 40대까지 술과 간장을 빚는 양조장 주인이었다. 18세에 이노 가문에 데릴사위로 들어가 기울어가던 가업을 일으켜 세웠다. 영주 밑에서 마을의 운영을 담당하는 명주(名主)로서 지역을 돌보는 일에도 최선을 다했다. 49세에 장남에게 가업을 물려주고 천체 운동을 관측해 책력을 연구하는 학문인 역학(暦学)과 천문학을 공부하고자 에도로 나왔다. 그리고 천문학 분야의 일인자로 천문방(天文方, 천문관측 및 역〔暦〕 제작을 담당한 공공 연구기관 - 옮긴이)을 맡고 있던 다카하시 요시토키의 문하생으로 들어갔다. 19세나 어린 스승이었다.

다다타카가 처음부터 지도를 만들려 했던 건 아니다. 천체관측에 열정을 쏟으며 최신 역학을 배우는 동안 위도 1도의 길이를 계측하는 데 큰 관심을 갖게 되었다. 그래서 "에조치(蝦夷地, 아이누족이 사는 홋카이도 지역 - 옮긴이) 부근까지 가서 에도와의 차이를 계측했더니 신용할 만한 수치를 얻었지 뭔가!"라는 스승의 말을 듣고는 에조치로 가 직접 측량하기로 결심한다. 당시에는 마음대로 에조치에 갈 수 없었기 때문에 실측 지도를 작성한다는 목적으로 막부의 허가를 얻었다.

다다타카가 오슈가도(奥州街道, 에도시대에 정비된 다섯 개의 큰

대로 중 하나-옮긴이)와 에조치를 측량하여 작성한 지도는 매우 높은 평가를 받았다. 스승인 다카하시 요시토키도 "이렇게까지 훌륭하게 해낼 줄은 생각지 못했다"고 칭찬해 마지않았다. 그리고 마침내 막부에서 본격적으로 일본 각지를 실측해 지도 만드는 작업을 다다타카에게 맡겼다.

일본 전역을 두 발로 걸으며 측량하는 여정은 햇수로 17년이 걸렸다. 열 번에 걸쳐 이루어진 측량 여정 중 이즈반도의 섬들을 제외한 모든 측량에 종사한 다다타카는 73세에 세상을 떠났다. 당시로서는 꽤 장수한 셈이었다. 그는 일본 전도가 완성되는 모습을 보지 못했지만 정밀한 그 지도는 세상에서 널리 인정받았고, 그의 이름은 역사에 길이 남았다.

◑

느긋함이 몰고 오는 어두운 감정들

이노 다다타카의 삶을 따라가 보면 현대를 사는 우리가 인생 후반을 살아가는 데 참고할 만한 점을 많이 발견할 수 있다. 그 중에서도 가장 중요한 것은 그의 열정이다. 아마 다다타카는 자나 깨나 측량, 천체관측, 지도 만드는 일만 생각했을 것이다. 머릿속에서 떠나지 않는 일이 있고 에너지를 쏟아부을 대상이 있다는 것은 그야말로 삶의 큰 활력이 되었음이 틀림없다.

나이가 들수록 뜨거운 에너지를 쏟을 대상이 점점 줄어드는 게 사실이다. 보람을 느끼는 일이라든지, 자녀 양육 등 관심과 열정을 쏟던 대상이 사라지면 쓸쓸하고 허무하다. 정년 후 우울증이 찾아왔다고 말하는 사람이 점점 늘고 있는데 그 이유는 역시 에너지를 쏟을 곳을 잃어버린 뒤 공허함이 그 자리를 차지했기 때문일 것이다.

얼마 전 소설가 사토 아이코의 에세이집 『90세, 뭘 축하할 일이라고(九十歳。何がめでたい)』가 다양한 세대에게 인기를 얻으며 밀리언셀러가 되었다. 그는 어딘가의 인터뷰에서 이렇게 고백했다. "이제 쓰고 싶은 이야기는 다 썼다 싶어서 은퇴를 선언했지만 할 일이 없어지자 우울감이 몰려왔어요. 삶의 의욕을 잃고 축 처져 있었죠. 그때 마침 이 에세이 연재를 의뢰받았어요. 다시 일을 시작하자 거짓말처럼 우울증이 사라지더군요. 이전과 같은 활력을 되찾았어요. 그래서 깨달았죠. 사람은 절대 느긋하게 지내려 하면 안 된다는 사실을요."

설사 느긋하게 지낸다 하더라도 한 가지쯤은 꼭 하고 싶은 일을 갖고 있어야 한다. 그래야 몸과 마음을 건강하게 유지할 수 있다. 모든 사람이 마찬가지겠지만 특히 나이가 들수록 기(氣)를 정체시키지 않는 자세를 갖는 것이 중요하다.

항상 마음이 가 있어 무엇을 하더라도 결국 그 생각으로 이어지는 대상, 그 정도로 에너지를 쏟을 대상이 있다는 것은 행복한 일이 아닐 수 없다.

◑

할 수 있는 일이 분명히 있다

에너지를 쏟을 대상이 있으면 몸의 기운이 순환해 마음이 활력으로 가득 찬다. 그래서 사람들이 취미를 갖거나 좋아하는 일을 하라고 귀가 닳도록 이야기하는 것이다. 물론 좋아하는 일, 흥미로운 일은 열심히 할 수 있다. 하지만 미치도록 좋아하지 않더라도 어떤 일을 하며 의미를 찾을 수 있다면, 그 일을 할 때 조금이라도 마음이 움직인다면 그걸로 충분하지 않을까. 일이란 대개 그런 것이다. 하고 싶었던 일이나 좋아하는 일을 직업으로 갖지 못해도 맡은 일에 책임감을 갖고 몰두하다 보면 그것이 의욕이 되어 진정한 만족감을 느낄 수 있다.

원래 좋아하는 일이냐 아니냐보다 그 일에서 의미를 찾을 수 있느냐, 적극적으로 몰두하겠다는 마음을 낼 수 있느냐가 더 중요하다. 어떤 일을 '해야 하니까' 마지못해 하는 게 아니라 '내가 아니면 누가 하랴'라는 주체적인 마음으로 임해야 하는 것이다. 이런 마음이야말로 내면에서 솟아나는 에너지를 고갈시키지 않는 비결이다.

이노 다다타카는 이처럼 적극적인 사고방식을 지녔던 인물이다. 쓰러져가는 이노 가문을 일으켜 세우려 한 것도 이런 주체적인 마음에서 우러나온 행동이었다. 기아와 홍수로 모두가 힘들어하던 시기에는 사람들을 구제하는 활동에 나서기도 했다. 해야겠다는 마음이 움트면 그것을 이루기 위해 온 힘을 다하는 사람이었다.

은퇴 후 시작한 공부 역시 처음에는 지적 호기심에서 출발했다. 예전부터 알고 싶었던 역학과 천문학을 이제라도 배워보자 결심했다. 그리고 앞서 말한 대로 어떻게 하면 위도 1도의 거리를 산출할 수 있을지 고민하다 결국 실측 지도 만드는 데에까지 이르렀던 것이다.

그 당시에 50세가 넘은 나이로 일본 전역을 돌아다니는 것은 지금 우리가 생각하는 것보다 더 녹록지 않았을 것이다. 체력적으로 힘에 부치고, 예상치 못한 어려움도 많이 겪었으리라. 중간에 그만두고 싶다는 유혹이 왜 일지 않았겠는가. 하지만 그는 '이 일을 내가 하지 않으면 누가 하겠는가', '내 능력을 이렇게라도 사용할 수 있다면 그 얼마나 감사한 일인가'라는 생각으로 맡은 바 책임을 다했다.

50세 정도가 되면 지금까지 살아온 경험과 그동안 습득해온 노하우가 다양하게 축적되어 있다. 언뜻 전혀 다른 분야 혹은 미지의 분야처럼 보여도 구체적으로 살펴보고 궁리하면 내가 할 수 있는 일이 반드시 있기 마련이다. 자신이 지닌 자질이 누군가에게, 무언가에 도움이 된다고 믿으면 열성을 다해 몰두하는 데 강한 동기부여가 된다.

그러려면 여러 가지 기회를 만나는 것이 중요하다. 가능성을 열어두고 다양한 일을 긍정적인 마음, 즐거운 마음으로 차츰차츰 받아들이는 자세를 가지면 좋을 것이다.

◑

인생은, 아무도 모른다

일과 취미를 엄격하게 구분하고 있는가? 예전에는 '취미는 취미일 뿐이다', '취미는 가져도 그만 안 가져도 그만', '취미 생활은 일을 방해하지 않는 선에서 해야 한다'는 시각이 우세했다. 하지만 지금은 일과 취미의 경계가 희미해졌을 뿐 아니라 취미 하나쯤 갖지 않으면 재미없는 사람 취급받기 십상이다. 전체적으로 삶의 질이 높아지고 여유가 생겼기 때문이겠지만 취미 생활이 우리 삶에 가져다주는 장점이 재평가됐기 때문이기도 하다. 이제 앞으로는 취미가 일이 되는 경우가 더 많이 나타날 것이다.

이노 다다타카도 처음에 에조치 지역에서 측량을 진행할 때까지만 해도 이 일이 남은 인생을 걸 중요한 직업이 될 것이라고는 상상하지 못했을 것이다. 진지하게 열중해서 하는 동안 어느새 은퇴 후의 취미에서 막부가 진행하는 사업에 참여하는 형태로까지 발전했다. 요즘도 한 가지 취미에 깊이 빠져 5년, 10년 동안 몰두하다가 전문가 경지에 이르는 사람이 많다. 자신도 모르는 새 실력이 늘어 다른 사람을 가르치는 경우를 자주 볼 수 있다.

앞으로는 각자가 지닌 개성을 살려 일할 수 있는 사회로 바뀌어갈 것이다. 일과 취미, 본업과 부업의 경계가 점점 불분명해진다. 이때 중요한 것은 '내가 얼마나 즐겁게 그 일을 할 수 있느냐'이다. 『논어』에서 공자는 이렇게 말했다. "어떤 사실을 아는 사람은 그것을 좋아하는 사람만 못하고, 좋아하는 사람은 즐기는 사람만 못하다."

50세가 넘어서도 앞으로 가꾸어나갈 인생을, 자신이 하고 있는 일을 즐기는 사람은 틀림없이 인생 100세 시대를 즐겁게, 행복하게 살아갈 수 있을 것이다. 지금 당신은 어떠한가. 즐길 수 있는 무언가를 가지고 있는가?

다음 장에서 50가지 질문에 답하며 자기 자신을 다시금 알아가는 시간을 가져보자.

2장

내 인생을 변화시킬 50가지 질문

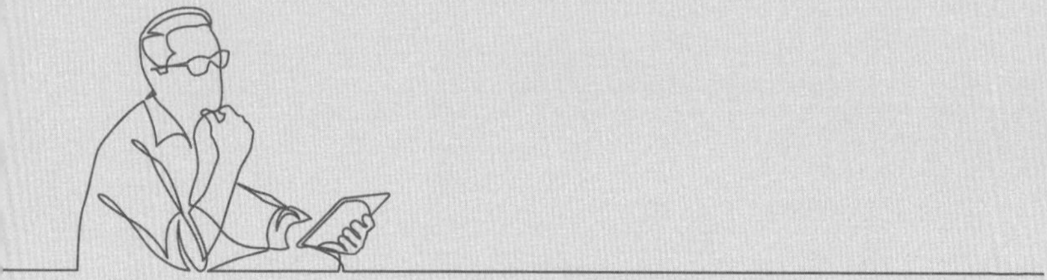

1

감성이 녹슬지 않도록 관리하고 있는가?

최근에 감동한 경험이 있다면 찬찬히 떠올려보자. 언제, 어디서, 무엇에 감동했는가? 자녀의 말 한마디에? 자연의 변화에? 누군가의 배려에? 흔히 나이 먹을수록 감동할 일도 함께 줄어든다고 말한다. 왜 그럴까?

쉽게 감동한다, 안 한다는 개인의 성격 차이라고 생각하고 있지 않은가. 그렇지 않다.

감동한다는 것은 곧 '마음이 움직인다'는 뜻이다. 마음은 성격이 아니라 감성을 어떻게 관리하느냐에 따라 달라진다. 동갑이라도 감성을 녹슬지 않게 관리한 사람과 그 반대인 사람의 감성은 전혀 다르다.

나이 들어서도 살아 있다는 느낌을 잃지 않고 살려면 무덤덤한 마음, 무색무취의 감정 상태를 경계해야 한다.

나이가 들면 몸은 뻣뻣해지고 활동량이나 움직이는 폭이 좁아지는 게 당연하다. 하지만 개중에는 2, 30대 못지않게 유연한 사람도 있다. 비법은 간단하다. 평소 신체에 관심을 갖고 꾸준히 관리해왔기 때문이다.

마음도 그렇다. 녹슬지 않고, 멈추지 않도록 늘 움직여야 한다. 사소한 일에도 마음이 반응하는 사람으로 살아가겠다고 다짐하자. 그러려면 자신이 직접 체험하고 느끼는 경험이 중요하다.

가령 올림픽에서 누군가가 메달을 땄다는 뉴스를 접했을 때, 그 사실만으로 감동하는 사람은 없다. 하지만 선수의 배경을 알고 경기를 보면 '정말 애썼네!', '대단하다'며 감동하게 된다.

소설이나 영화도 마찬가지다. 줄거리 몇 줄만 봐서는 감동이 일지 않는다. 시간을 내서 집중해 소설을 읽고, 영화를 직접 봤을 때 비로소 감동이 차오른다. 인간관계도 마찬가지다. 관심을 두지 않고 겉으로만 알고 있는 사람에게 감동을 받고, 감동을 주기란 불가능하다. 내 시간과 관심을 들이지 않고 뭔가에 감동하기란 쉽지 않다.

점점 주변에 존재하는 대상에게서 멀어지고 둔감해지고 있지 않은가? 감동을 맛볼 기회를 스스로 줄이고 있지 않은지 생각해볼 일이다.

주변을 둘러보자. 마음이 움직이는 일, 감동할 일은 지금도 일어나고 있다. 좀 더 젊었을 때 나를 감동시켰던 일들을 떠올려보자. 크고 대단한 무엇이 아니었을 것이다.

감동할 일이 있어도 대수롭지 않게 여기거나 덤덤히 흘려보내고 있지 않은가 돌아볼 일이다. 녹슨 감성에 기름칠을 하자.

무엇이 나의 마음을 움직이는가?
최근에 감동받은 일을 적어보자.

2

소소한 행복을 모아두고 있는가?

요즘 사람들은 트위터, 페이스북, 인스타그램 등에 자신의 일상을 실시간으로 공유한다. 이런 시대 현상에 발맞춰 SNS를 활용해도 좋지만 나는 감동받은 일이 생기면 수첩에 적어둔다. 마음에 미약하게나마 떨림을 준 일을 그때그때 간략하게 기록해두고는 '아, 나는 이런 일에 감동받는 사람이구나', '나는 이런 분야를 좋아하는구나' 새삼스레 깨닫는다.

얼마 전 TV 중계로 배드민턴 세계선수권대회 여자 단식 부문에서 오쿠하라 노조미 선수가 우승하는 모습을 지켜보았다. 마음이 기분 좋은 흥분으로 한껏 달아올라 수첩에 "오쿠하라 노조미 선수, 축 금메달!"이라고 적었다. 나와는 아무런 인연이 없고 만난 적도 없는 사람이지만 '이렇게 멋진 경기를 볼 수 있게 해줘서 정말 고맙다'는 마음으로 기록을 남겼다. 나는 워낙 스포츠를 좋아하기 때문에 이와 관련된 기록이 매우 많이 남아 있다.

영화를 보고 난 뒤에는 제목과 주연배우의 이름을 메모해둔다. 제목만으로는 어떤 영화였는지 기억나지 않지만 배우 이름까지 적어놓으면 나중에 수첩을 들춰볼 때 바로 영화 내용을 떠올릴 수 있고, 더불어 그때 내가 느꼈던 감정 및 상황 등을 자연스럽게 돌아볼 수 있다. 영화를 보고 마음에 드는 대사가 있다면 함께 적어두기도 한다.

책을 읽다 발견한 인상 깊은 문장이라든가 TV에서 보고 들은 감동적인 일화 역시 수첩에 적어둔다.

그리고 조금만 기분이 좋아져도 수첩에 스마일 표시를 그려 넣는다. 가령 대담 자리에서 처음 만나 이야기를 나눈 사람과 마음이 잘 맞아 대화가 술술 풀리면 스마일 표시! 피로가 심하게 쌓여 온몸이 얻어맞은 것처럼 쑤실 때 마사지를 받으러 갔다가 무척 솜씨 좋은 전문가를 만나 몸이 아주 가뿐해졌다면 이날도 스마일 표시를 남긴다. 긴가민가 망설이며 새로운 음식점을 찾아 들어갔는데 음식이 맛있어서 '좋은 가게를 하나 또 발견했네' 싶으면 이 또한 싱글벙글 스마일 표시다. 잠자리에 들기 전 수첩을 들여다보며 '스마일 표시가 하나 있으니 오늘은 좋은 날이었어'라고 생각하며 그날 하루를 기분 좋게 마무리할 수 있다.

나는 매일 몇 번이고 수첩을 들여다본다. 쭉 그려져 있는 스마일 표시는 바쁘고 스트레스 많은 내 생활에 반짝반짝 활력을 불어넣어 주는 보석과 같다. 소소한 행복이 곳곳에 박혀 있고, 그것을 눈으로 확인하기만 해도 하루하루의 행복이 벅차도록 가슴을 가득 채운다. 내게 수첩은 업무 '스케줄'을 적어두는 도구가 아니다. '지금 현재'를 기록하는 곳이자 내게 주어진 시간 속에 찰나처럼 등장하는 행복을 모아두는 공간, 행복이라는 보석을 매일매일 쌓아가는 나만의 보물섬이다.

오늘 하루를 돌아보고
스마일 표시를 붙일 만한 일이 있었는지 꼽아보자.

3

—

가슴이 두근거리는 순간을 자각하고 있는가?

마이클 잭슨의 마지막 공연을 촬영한 다큐멘터리 영화가 있다. 바로 「디스 이즈 잇(This is it)」. 이 제목은 '이것으로 마지막이다'라는 의미를 품고 있지만 예정되어 있던 공연을 꼭 성공시키고 말겠다는 마이클 잭슨의 강한 의지가 담긴 말이기도 하다. 완벽한 공연을 만들기 위해 꼼꼼하게 동선을 체크하고, 안무를 다듬고, 열창하는 마이클 잭슨의 모습에서 나는 강하게 약동하는 생명력을 느꼈다.

이후 나는 설레거나 기대감이 뭉글뭉글 올라올 때, 짜릿한 감각을 느낄 때, '살아 있다는 건 바로 이런 거지!'라고 소리치고 싶을 때 '디스 이즈 잇!'이라고 되뇐다. 실제로 "디스 이즈 잇!"이라고 소리 내 말하기도 한다.

반짝 나타났다 사라지는 감정을, 그래서 그냥 무의미하게 흘려보낼 수 있는 감각을 뚜렷이 느끼며 또 다른 생의 에너지로 활용하기 위해 나는 '바로 이거야!', '지금이 그때다!' 하는 의미를 담아 이런 순간을 '디스 이즈 잇 타임'이라 부른다.

'이것이야말로 분명 살아 있다는 느낌이야' 하는 감정이 내면에서 솟구쳐 오르는 순간, 이 순간에 이름을 붙여 인식하면 살아 있다는 감각을 손에 잡힐 듯 선명하게 실감할 수 있다. 그리고 이런 순간을 맞이할 때마다 수첩에 적어둔다.

그리 대단한 일이 아니어도 상관없다. 아주 맛있는 초밥을 먹을 생각에 마음이 살짝 들뜨는 순간이라든가, 매우 친하게 지냈던 고등학교 동창을 오랜만에 만나 가슴이 뜨거워진 순간이라든가, 비행기 표를 예매하고 여행 일정을 짜며 심장이 살짝 두근거리는 순간 등 살아 있음을 자각할 수 있다면 그 어떤 일이라도 좋다.

나는 대학에서 학생들과 열정적으로 토론할 때, 강연장 분위기를 단번에 휘어잡을 때, 최고의 퍼포먼스 혹은 짜릿한 승부를 펼치는 스포츠 경기를 봤을 때 내가 살아 있음을 실감한다.

이렇듯 '디스 이즈 잇'을 의식하며 살다 보면 내가 언제 마음이 들뜨는지, 무엇에 기쁨을 느끼는지, 어느 순간 살아 있다는 사실을 실감하는지 깨달을 수 있다. 50세쯤 되면 활력이 떨어지고 거대한 횃불처럼 활활 타오르던 생명력도 조금씩 약해지기 마련이다. 애써 힘을 내 노력하지 않으면 현상을 유지하기도 어렵다. 설렘을, 활력을, 생명력을 자주 자각할수록 이것이 장작이 되어 인생 후반을 살아갈 원동력으로 작용할 것이다.

그리고 이것이 바로 진짜 나를 알아가는 방법이자 생기 넘치는 순간을 늘려가는 비법이다.

나는 어떤 순간에 두근거림을 느끼는가?
가슴이 설레 뜨거워지는 순간을 떠올려보자.

4

—

삶의 중심을 잡아줄 '생활신조'가 있는가?

내가 무엇에 가치를 두는지, 어떤 모습으로 살고 싶은지를 구체적으로 드러내는 것이 바로 '생활신조'다. 주위를 둘러보면 특별한 생활신조 없이 사는 사람이 많다. 하지만 나는 사람들에게 삶의 기준이 되어주는 생활신조를 꼭 가지라고 조언한다.

인간은 망각의 동물이다. '그래 이거야!' 결심하고 방향을 잡아도 금세 잊어버리고 주변 상황에 이리저리 휩쓸린다. 이럴 때 생활신조를 가지고 있으면 자신이 원하는 방향으로, 원하는 삶을 만들어가는 데 도움이 된다. 더구나 나이가 들면서 '눈치 볼 사람도 없고, 이제는 좀 내 마음대로 살아도 되겠지', '자유롭게 살아도 되겠지' 하는 마음이 솟아나고, 이런 마음을 따라가다 보면 생활과 자세가 금방 흐트러진다.

나는 '책은 아끼지 않고 산다'는 신조를 갖고 있다. 학생 시절부터 아무리 돈이 없어도 책값만큼은 아까워하지 않았다. 전문서 중에는 비싼 책이 많아서 고서점을 찾아다니며 구했다. 이렇듯 책을 통해 얻은 지식과 신념이 지금의 나를 길러냈다. 책은 내게 꼭 필요한 '자기 투자'였던 셈이다.

지금도 나는 책을 많이 산다. 평생 다 읽지 못할 만큼 많지만 앞으로도 계속 살 것이다. 젊을 때에는 미래에 투자한다는 마음으로 책을 구입했다면 지금은 나의 기쁨과 행복에 투자한다는 마음으로 책을 산다. 독자들에게 사인을 요청받으면 "만남의 순간을 축제로"라는 문장을 자주 쓴다. 사람과의 만남, 일생에 단 한 번뿐일 수 있는 그 만남을 설레는 축제의 순간으로 여기고 싶기 때문이다. 이것도 나의 생활신조 가운데 하나다.

솔직히 말하면 나는 원래 남에게 거침없이 독설을 날리는 사람이었다. 젊을 땐 그것이 내 매력이라고 믿으며 비판 정신을 마음껏 발휘했다. 그 결과 사방에 적이 생기고 친구는 떠나가고 선배와 스승에게 외면받았다. 뼈아픈 경험을 거치며 사람들과 어우러져 살아나가려면 상대에게 경애의 마음을 품고, 웃는 얼굴로 대해야 한다는 사실을 깨달았다. 이후 나는 기분 좋은 상태, 온화한 마음을 유지하는 법을 익혔다. 누군가와 만난 그 시간을 축제처럼 느끼려 노력하게 된 것이다.

마음속에 '심지'가 되는 신념이 명확히 자리 잡고 있으면 행동에 망설임이나 동요가 없어지고 안정된다. 생활신조에는 현재 자신의 모습이 투영되어 있다. 이 사실을 인식하며 단단하게 살아가자.

생활신조가 있다면 적어보자.
더불어 내가 무엇에 가치를 두고 있는지도 생각해보자.

5

—

단점과 장점 중
무엇을 먼저 보는 스타일인가?

앞에서도 말했듯이 비판 정신이 왕성했던 무렵에 나는 남의 흠집만 찾으려 했지 장점을 발견해 칭찬할 생각은 하지 못했다. 하지만 세상과 어우러져 살아가려면 타인이 가진 장점을 발견해내고 그것을 표현하는 능력이 중요하다는 사실을 절실히 깨닫고는 의식적으로 '좋은 점을 찾아내려'고 애쓰게 되었다.

장점이냐 단점이냐는 보는 사람의 시각 또는 처한 상황에 좌우되는 경우가 많다. 단점이라 생각했던 부분이 상황에 따라 장점이 되기도 하고, 장점이라 생각했던 부분이 때에 따라 일을 망치는 단점이 되기도 한다. 그러니 설사 단점이 먼저 눈에 들어온다 하더라도 그곳에서 좋은 점을 발견하려 노력하면 반드시 장점을 찾을 수 있다. 그리고 이렇게 장점을 발견하면 상대를 호의적으로 대할 수 있다.

이는 사물도 마찬가지다. 현대미술을 예로 들어보자. 현대미술은 난해하다는 이유로 별로 좋아하지 않는 사람이 많다. 하지만 대학생들에게 "2주 동안 현대미술을 조사하고 작품을 칭찬해보라"는 과제를 내주었더니 모두 기한 내에 여러 작품을 접하고 공부해 와 장점을 활발히 이야기할 정도가 되었다.

"미국의 추상화가 잭슨 폴록의 그림을 처음 봤을 땐 아이가 장난으로 그린 그림으로밖에 보이지 않았어요. 하지만 분명히 색다른 맛이 있더라고요. 아무리 봐도 질리지 않아요"라고 '이야기할 수 있게' 되는 것이다.

이것이 바로 '상대를 아는' 일이다. 좋은 점을 발견하려면 대상을 똑바로 마주하고 제대로 알고자 하는 마음을 가져야 한다. 제대로 알고 나면 '아, 느낌이 좋은걸. 지금까지 왜 이걸 몰랐을까'라는 생각이 든다.

물론 누구에게나 왠지 모르게 싫다거나 거부반응을 일으키는 대상이 있기 마련이다. 가령 전통음악은 지루하다거나 종교 관련 책은 거부감이 든다는 사람이 있을 것이다. 타인에 관해서도 이 사람은 불평이 많아 싫고, 저 사람은 항상 자기 말만 해서 짜증 난다고 말하는 사람이 있다.

선입견에 휩싸여 무조건 싫다고 거부할 게 아니라 일부러라도 꺼리던 일들을 하나씩 접하며 좋은 점을 찾아내 보면 어떨까. 이런 과정을 인생 후반의 즐거움 가운데 하나로 여기면 좋을 것이다. 분명 세상이 확연히 넓어지고 즐거운 일은 배가될 테니.

그동안 선입견을 갖고 거부해온 일이 있는가?
있다면 그것의 장점을 찾아보자.

6

유행에 대한 민감성을 기르고 있는가?

나이가 들수록 유행에 대한 민감성이 떨어지는 경향이 있다. '요즘 애들은 이해할 수 없어', '저런 걸 왜 좋아하나 몰라' 하고 외면할 게 아니라 새로운 것을 배울 수 있다는 자세로 받아들이는 것이 좋다. 이때도 역시 '좋은 점을 찾으려는' 시각을 갖는 게 중요하다.

베스트셀러에 오른 책을 보며 "그 책 읽었는데 시시하더라고", "다 광고 때문에 팔린 거 아냐?"라고 헐뜯기 바쁜 사람도 있지만 많은 사람의 마음을 사로잡은 데는 반드시 이유가 있기 마련이다. '왜 그렇게 잘 팔리는지 모르겠다'면 당신은 아직 그 이유를 찾지 못한 것이다. 그리고 이 말을 입 밖에 꺼냈다면 자신의 시야가 좁다는 사실을 공공연하게 인정한 셈이다.

비난부터 하려 들지 말고 그 책이 갖고 있는 매력으로 시선을 돌려보자. '그렇군, 이 책이 인기가 많은 건 이런 점이 좋기 때문이로군!' 하고 깨달으면 시야가 넓어지고 삶이 즐거워진다. 많은 사람과 공감하며 흥미로운 대화를 나눌 수도 있다.

2017년부터 2018년까지 『그대들, 어떻게 살 것인가』라는 만화책이 큰 인기를 끌며 밀리언셀러가 되었다. 요시노 겐자부로가 80여 년 전에 쓴 소설이 원작으로 소년이 삼촌과 대화를 나누며 인생의 소중한 가치를 찾아나간다는 내용이다. 이 소설을 하가 쇼이치가 만화로 다시 펴내 인기를 끈 것이다. 만화판이 엄청나게 팔리면서 원작 또한 재조명받았다. 왜 이제 와 이 책이 이렇게나 많이 팔렸을까? 아마 지금 시대에 무엇을 중요한 가치로 삼아야 할지 몰라 혼란스러운 사람이 많기 때문일 것이다.

세상 사람들에게 큰 인기를 끌고 있는 베스트셀러를 인정하고 순수하게 평가하는 자세는 인생을 풍요롭게 가꾸는 중요한 요소다. 괜스레 헐뜯고 깎아내려야 속이 시원한 사람은 인생이라는 꽃밭에 심을 수 있는 아름다운 꽃들을 그냥 던져버리는 것과 같다. 인생에 다양한 꽃을 심어 사시사철 아름다운 향기를 풍길 것인가 아니면 인생을 황폐한 정원으로 만들어 무미건조한 삶을 살 것인가. 선택은 당신의 몫이다.

베스트셀러를 읽고 있는가?
그 책이 인기가 많은 이유는 무엇인가?
요즘 우리 사회에 무엇이 유행하고 있는지도 알아보자.

7

지금 내 삶의 만족도는 몇 점인가?

인생 후반기 삶의 만족도를 높여주는 일에는 여러 가지가 있지만 그중에서 하나를 고르라면 나는 '설레는 일 늘리기'를 꼽는다. 마음이 설렌다는 건 앞으로 일어날 일에 기대가 크다는 뜻이다. 기대가 크면 잘하고 싶다, 좋은 사람이 되고 싶다는 마음이 커지고 이는 활력에 불을 지피는 역할을 한다. 설렘의 씨를 늘려갈수록 삶을 추동할 활력 또한 늘어난다.

그렇다면 어떻게 해야 설렘을 늘릴 수 있을까. 첫 번째 방법은 좋아하는 일, 즐거워지는 일을 하는 것이다. 개봉을 기다렸던 영화를 보러 간다든가 친한 친구를 만나러 간다든가 그동안 바빠서 미뤄두었던 취미 활동을 시작한다.

두 번째 방법은 무엇을 경험하든 좋은 점을 찾겠다고 마음먹는 것이다. 아무 생각 없이 산책할 때와 '멋진 풍경을 찍어야지' 마음먹고 산책할 때는 시야에 들어오는 풍경이 사뭇 달라진다. 건성건성 보아 넘기는 게 아니라 좋은 점을 찾아내려고 소소한 데까지 관심 있게 지켜본다. 그럼으로써 매일 지나다니던 산책길이 새로운 무엇, 낯선 무엇이 되어 설렘을 불러일으키는 것이다.

세 번째 방법은 아이처럼 즐거워하는 것이다. 아이들은 뭐든지 직접 해보고 싶어 하고 알고 싶어 한다. 곤충에 흥미가 생기면 곤충을 잡고 싶어 하고, 춤추는 모습이 멋있어 보이면 춤을 추고 싶어 한다. 호기심이 그대로 자신을 움직이는 열정으로 살아나는 것이 바로 아이들의 특징이다.

이제 와 아이가 될 수도 없고, 아이처럼 굴어서도 안 되겠지만 아이 같은 호기심과 열정을 삶의 활력으로 연결할 수 있다면 후반생의 만족도를 높이는 데 큰 도움이 될 것이다. 누구에게나 가슴속에는 아직 천진한 어린아이가 살아 숨 쉬고 있지 않은가.

'열 살 때의 나였다면 어떻게 했을까? 흥미로워하며 이것저것 하지 않았을까?'라고 생각해보라. 이 또한 설렘을 불러일으키는 한 가지 방법이 될 것이다.

지금 내 삶의 만족도는 100점 만점에 몇 점이나 되는가?
삶의 만족도를 높이려면 무엇을 해야 할까?

8

—

내가 '진짜로' 좋아하는 게 무엇인지 알고 있는가?

"뭘 좋아하세요?"라고 물어보면 금세 줄줄 대답하는 사람이 있는 반면, 두세 가지 정도 말한 뒤 "또 뭐가 있더라……" 하고 아무 말도 못 하는 사람이 있다. 후자에 속한 사람들은 대개 수동적이고 활기차지 못하다.

50년 정도 살아왔다면 좋아하는 것이 많지 않을까. 내가 뭘 좋아하는지 모른다는 것은 가슴속에 설렘의 씨앗을 품고 있으면서도 싹 틔우지 못했다는 의미다. 내가 무얼 좋아하는지 자각하는 건 자신을 재발견하기 위해 내딛어야 할 중요한 한 걸음이다.

나는 그저 좋아하는 정도가 아니라 편애한다고 할 만큼 좋아하는 것을 써 내려가는 '편애 지도'를 고안해냈다. 대학 수업이나 비즈니스 세미나 때 각자 자신이 아주 좋아하는 걸 종이에 가득 적은 뒤 두 사람씩 짝을 이루어 대화를 나누도록 했더니 분위기가 상당히 고조되었다. 중장년 수강생이 많은 시민대학 강좌 때에도 같은 반응이었다.

"좋아하는 걸 이것저것 생각했더니 얼마나 신이 나는지 몰라요"라고 말하며 종이를 몇 장씩 채워나간 사람도 있다.

내가 왜 이것을 좋아하는지 곰곰이 되새기다 보면 '그러고 보니 이것 때문이었군'이라든가 '그걸 계기로 이런 것도 좋아하게 됐지'라는 식으로 미처 깨닫지 못했던 혹은 까맣게 잊고 있던 수많은 사연이 줄줄이 떠오를 것이다. 생각나는 대로 많이 꼽아보라고 한 이유는 이렇게 저렇게 얽혀 있는 자신의 기호와 성향을 연쇄적으로 캐내는 일이 꽤 즐겁기 때문이다.

좋아하는 일이나 대상이 많다는 건 즐거운 시간을 보낼 수 있는 방법이 많다는 의미이기도 하다. 인생 후반을 바라보며 활력을 샘솟게 할 새로운 대상을 찾아보는 것도 좋지만 좋아하는 일을 더 많이, 더 자주 하는 것도 삶을 즐기며 살아가는 또 다른 방법일 것이다.

좋아하는 것과 좋아하는 일을 가능한 한 많이 꼽아보자.

잠깐 쉬어 가기①

좋아하는 것에 몰두하는 기쁨

50세 무렵부터 나는 해외 미스터리 소설에 푹 빠졌다. 예전에도 매력적인 장르인 것은 알고 있었으나 이 세계에 한번 발을 들이면 걷잡을 수 없이 빠져들까 두려워 일부러 거리를 두었다. 그러다가 50세가 되어 이제는 어느 정도 나 자신을 통제할 수 있겠다 싶어서 발을 들여놓은 것이다.

먼저 돈 윈슬로의 작품을 탐독했다. 『개의 힘』을 비롯해 속편인 『더 카르텔(The Cartel)』을 읽고 그에게 매료되어 그의 책을 전부 찾아보았다. 그러던 중 동양 사상을 기반으로 쓴 『사토리(Satori)』(일본어로 깨달음이라는 뜻–옮긴이)라는 작품을 발견했다. 미국인 작가가 동양 사상을 다루었다는 사실에 흥미를 느껴 책과 관련된 정보를 찾아보니 이 책이 트리베니언이 쓴 『시부미(Shibumi)』의 오마주 형태로 쓰인 작품이며 『시부미』의 속편 또는 전일담과도 같다는 것을 알게 되었다.

사실 나만 몰랐을 뿐 『시부미』는 세계적인 베스트셀러였다. 나는 뒤늦게나마 『시부미』를 읽고는 트리베니언의 해박한 지식, 투철한 지성 그리고 무엇보다 압도적인 필력에 감탄했다. '시부미'는 일본어로 은은하고 깊은 멋이라는 뜻이다. 주인공은 일본인에게서 '시부미'를 배우고 그 정신을 습득하여 마침내 살벌한 암살자가 되어간다.

내가 만약 돈 윈슬로에게 매료되지 않았다면, 그의 작품을 모두 읽어보려 하지 않았다면 트리베니언을 영영 모른 채 살았을지 모른다. 이렇게 멋진 소설이 존재한다는 사실을 꿈에도 모른 채 기존에 내가 만들어놓은 세계 안에서만 왔다 갔다 했을 것이다.

무언가를 좋아해 깊이 몰두하다 보면 어느새 새로운 문이 열려 있곤 한다. 옆집으로 통하는, 또 다른 세상으로 통하는 문이다. 이렇게 연결된 문을 지나고 지나면 내 상상을 뛰어넘는 세계로 사고 영역이 확장된다.

땅을 깊게 파려면 구덩이의 둘레 역시 넓어질 수밖에 없다는 말이 있다. 한 우물을 파라는 말이 촌스럽게 들리는 시대가 되긴 했지만 한 분야를 파고들다 보면 이처럼 연결된 대상으로 확대돼 세계가 넓어지는 경험을 하게 된다. 그러니 전혀 새로운 무엇을 찾아 헤매기보다는 우선 내가 지금 좋아하는 일, 나와 관련된 일의 연장선상에서 기회를 찾아보는 것이 더 좋을 것이다.

9

앞으로 무슨 일을 하고 싶은가?

이제부터는 일과 관련된 이야기를 해보자.

지금 하고 있는 일을 몇 살까지 계속할 수 있을까? 정년이 아니라 지금 직장이나 지금 위치에서 맡고 있는 일을 언제까지 계속할 수 있을지 생각해보자.

앞으로 어떤 미래를 상정할 수 있으며, 나는 어떻게 살고 싶은가. 자신이 다니는 회사의 정년이 몇 세인지 모르는 사람은 없을 것이다. 하지만 고용 보장과 관련해서는 최근 여러 가지 변화가 일어나고 있다. 임금피크제(근로자가 일정 연령에 도달한 시점부터 임금을 삭감하는 대신 정년을 보장해주거나 정년 후 고용을 연장해주는 제도 – 옮긴이)는 몇 세부터인가. 그때부터 대우나 조건이 어떻게 바뀌는가. 이 회사는 부업 또는 겸업을 허용하는가. 정년은 연장되었는가. 정년퇴직 후 고용이 연장될 경우 조건은 어떠한가.

급여가 대폭 삭감되고 계약 사원 혹은 촉탁 형태로 재고용되는 등 회사에서 근로 조건 변경을 권유받은 뒤에야 비로소 상세한 내용을 알고 충격받는 사람이 적지 않다. 따라서 내가 다니는 회사의 방침은 어떠한가, 어떻게 바뀌고 있는가 혹은 좀처럼 바뀌지 않는가 등 여러 가지를 미리 확인해두어야 한다.

50대 직원을 위한 라이프 플랜 연수를 실시하는 기업이 늘고 있으나 연수에서는 '앞으로 당신은 이렇게 됩니다'라는 정보만 알려줄 뿐이다. '자, 정보는 다 알려드렸습니다. 이제부턴 각자 알아서 생각하십시오. 건투를 빕니다' 하는 데 지나지 않는다. 앞으로 어떻게 하면 좋을지, 무얼 하며 살면 좋을지 구체적으로 안내해주지 않는다.

따라서 지금 우리에게 가장 필요한 건 자신의 앞날을 '스스로 생각하고 결정하는 힘'이다. 내 미래는 누군가가 정해주지 않는다. '어떻게든 되겠지' 할 게 아니라 주체적으로 계획을 짜고 행동할 수 있는 힘과 에너지가 필요하다. 물론 이런 힘은 어느 날 갑자기 생겨나지 않는다.

내가 기대감, 설렘, 좋아하는 일, 활력을 강조하는 이유가 바로 여기에 있다. 이런 긍정적인 에너지가 적절히 쌓이고 순환해야 무기력증, 고립감, 절망에 빠지지 않고 앞날을 계획할 힘을 낼 수 있기 때문이다. 지금부터라도 적극적으로 몸과 마음을 움직여보자.

지금 하고 있는 일을 몇 살까지 할 수 있을까?
이 일을 못 하게 된다면 무얼 할 수 있을까?
내가 할 수 있는 일, 하고 싶은 일을 적어보자.

10

평생 현역으로 일할 조건을 갖추고 있는가?

현역으로 오래 일하려면 어떤 조건을 갖춰야 할까? 조직에서 일하고 있는 사람에게는 어김없이 정년퇴직이 찾아온다. 반면 자영업에 종사하는 사람은 할 수만 있다면 몇 살까지도 계속 일할 수 있다. 따라서 가능한 한 오래 일하고 싶다면 '마음, 기량, 육체'를 모두 강건하게 유지해야 한다. 이는 조직에서 일하는 사람도 마찬가지다. 정년퇴직 후 남은 3, 40년을 현역으로 살아내려면 이 조건을 갖춰야 한다.

'마음'은 기력과 의욕 그리고 열정이다. 세월이 흐르면서 쇠락하는 것은 체력만이 아니다. 기력 또한 감퇴하기 쉽다. 젖은 장작에 불을 붙이는 것이 어렵듯 의욕이라는 불씨를 활활 타오르게 하기 어렵고 설사 불이 붙었다 해도 금세 스러지기 십상이다. 마음과 몸은 연결되어 있어서 몸이 피로하면 마음도 쉽게 피로해져 의욕을 불러일으키기가 쉽지 않다.

'기량'은 기능이나 기술을 말한다. 모든 것이 빨리 변화하는 현대사회에서는 숙련된 기술을 보유한 전문가라 할지라도 시대의 변화에 발맞춰 끊임없이 배우고 공부해야 한다. 그렇지 않으면 기술과 사고방식이 점점 뒤떨어져 어느새 뒷방으로 밀려나고 만다.

'육체'는 체력과 건강 상태를 뜻한다. 아무리 체력을 자신하는 사람이라도 50세가 넘어가면 기동력이 떨어진다. 같은 일을 해도 예전처럼 속도가 붙지 않고 쉽게 지친다. 더구나 반갑지 않은 여러 질병이 찾아와 괴롭히기도 한다. 하지만 부족한 체력을 경험과 연륜으로 보완할 수 있다는 장점도 분명 갖고 있다.

이제 나의 '마음', '기량', '육체'를 점검해보자. 나는 마른 장작에 불이 붙듯 금세 불타오를 열정을 지니고 있는가? 과거의 방식에 얽매이지 않고 새로운 기술을 받아들일 유연함을 지니고 있는가? 맡은 일을 충분히 해낼 수 있을 정도로 체력을 관리하고 있는가? 냉정하게 현실을 인정해야 지금 할 수 있는 일이 무엇인지 확실히 알 수 있다.

'평생 현역으로 살겠다'는 마음가짐은 매우 훌륭하다. 하지만 만약 이 세 가지 조건을 갖추지 못했다면 자신의 현재 상황을 냉철하게 객관적으로 인지하고 깔끔하게 은퇴하여 후진에게 길을 내주는 것도 훌륭한 일일 것이다.

새로 할 수 있게 된 일 혹은
에전만큼 할 수 없게 된 일이 있다면 적어보자.
평생 현역으로 일하려면
어떤 조건이 더 필요한지 생각해보자.

11

나는 도대체 무엇을 위해 일하는가?

당신은 왜 일을 하는가? 돈 외에 일을 하며 얻고자 하는 것이 있는가? 이는 '무엇을 위해 일하는가'로 바꿔 말할 수 있다. 지금까지 당신은 무엇을 위해 일해왔는가? 생계를 유지하기 위해서? 아니면 가족을 부양하기 위해서? 아니면 자아실현을 위해서? 우리는 분명히 돈을 벌기 위해 일한다. 하지만 일하는 목적이 오로지 돈뿐일까?

많은 사람이 회사에 다니며 성과를 내고 승진하고 수입을 늘려나간다. 늘어난 수입으로 가족을 부양하고, 아이들을 교육시키고, 개인의 삶의 질을 향상한다. 누구는 몇 년 만에 부장이 되었다더라, 누구는 사업을 시작해 큰돈을 벌었다더라 같은 소문 속에서 뒤처지지 않기 위해, 번듯하게 살기 위해 발버둥 친다.

하지만 50세 전후가 되면 이 관점에도 변화가 나타난다. 슬슬 정년이 다가오고 열심히 노력해도 더 이상 계속 같은 추세로 성장할 수 없다는 사실을 누구보다 절실히 깨닫는다. 그렇다면 무엇을 위해 일하는가의 의미도 달라져야 마땅하다.

내각부(內閣府)에서 실시한 여론조사에 따르면 “일하는 목적이 무엇인가?”라는 질문에 젊은 세대는 압도적으로 많은 수가 “돈을 벌기 위해 일한다”고 대답했지만 50대 이후 세대는 “사는 보람을 찾기 위해 일한다”고 답했다. 결국 인간은 인생 후반이 되면 삶의 보람, 즉 살아가는 의미를 추구한다. 내가 이 사회에 도움이 된다는 느낌, 아직 나를 필요로 하는 곳이 있다는 느낌이 살아갈 의욕을 북돋우는 것이다.

이런 경향만 보더라도 인생 후반에 중요한 것은 ‘돈을 위해서’라는 주술에서 자유로워지는 일이 아닐까. 연금 받기 전까지는 벌어야 한다거나 연금만으로는 노후 생활을 지탱할 수 없다는 현실적인 사정도 물론 있겠지만, 조금만 시각을 바꾸어 돈보다는 보람과 의욕을 우선시하면 좋을 것이다. 이런 가치관이 길게 보면 앞으로 남은 인생의 행복을 좌우하는 관건일 것이기 때문이다.

나는 왜 일을 하는가?
중요한 순서대로 적어보자.

12

내가 마땅히 받아야 할 적정 임금은 얼마인가?

일을 할 때 시급 의식을 갖는 것이 좋을까, 갖지 않는 것이 좋을까. 아르바이트로 일하면 보통 급여가 시급 단위로 지급된다. 이때 시급은 일을 하느냐 마느냐를 결정하는 중요한 조건이다. 또한 실제로 급여는 시급제가 아니지만 업무 효율을 높이기 위해 '시급 의식'을 가짐으로써 비용대비 효율성(cost performance)을 높이는 업무 방식도 있다.

시급 의식에는 분명히 생산성을 높이는 효과가 있지만 지나치게 구애받지 않도록 주의해야 한다. 시급 의식에 너무 얽매이면 이해득실이 뇌를 지배하기 쉬워지기 때문이다.

'열심히 하든 대충 하든 시급이 같다면 필요 이상의 일은 하지 않는 것이 이득이다'고 생각한다면 최소한의 일만 하게 된다. 노력도, 연구도 더 이상 하지 않고 그저 자신의 시간을 조금씩 잘라 팔듯이 수동적으로 일하고 얼마간의 돈을 받을 뿐이다. 좀처럼 성장하지 못하고, 성취감이나 만족감도 느끼기 어렵다. 이는 업무의 질을 떨어뜨릴 뿐 아니라 인생의 질마저 떨어뜨리고 만다.

물론 모든 사람은 정당한 임금을 지급받아야 한다. 정년퇴직 후 재취업하는 사람이 늘어나면서 낮은 임금을 지불하며 노동력을 착취하는 경우가 종종 발생한다. 이럴 땐 시급 의식을 갖고 '나는 최소 이만큼은 받아야 한다'는 임금 선을 정해두는 것이 좋다. 내 가치는 내가 지켜야 한다. 그래야 자존감을 유지하며 당당하게 일할 수 있는 법이다.

자신이 정한 기준선 이상 임금을 받고 있다면 적극적으로 일하는 자세가 필요하다. 의욕을 가지고 일하는 사람과 어차피 같은 급여 받는 거 쉬엄쉬엄 일하겠다는 사람 중 누가 더 충실한 삶을, 만족도 높은 삶을 살겠는가. 굳이 말하지 않아도 알 수 있지 않은가.

내 임금은 얼마가 적절할까?
그만큼 받아야 하는 이유는 무엇인가?

13

하루하루를 충실하게 보내는 방법을 알고 있는가?

나는 어떤 일을 했을 때 보람을 느끼는 사람일까? 자아실현을 했을 때, 성과를 냈을 때, 누군가에게 기쁨을 주었을 때, 사회에 도움이 됐을 때?

애초에 보람 있는 일과 보람 없는 일은 무 자르듯 명확하게 나눌 수 없다. 눈앞에 맞닥뜨린 일을 보람 있는 일로 만드느냐 아니냐는 그 사람의 마음가짐에 따라 달라진다. 보람이란 의식이 빚어내는 마음의 산물이기 때문이다.

『시시포스 신화』라는, 프랑스 소설가 알베르 카뮈가 쓴 산문시가 있다. 제우스신의 노여움을 사 바위를 산 정상으로 끝없이 밀어 올려야 하는 형벌을 받은 시시포스를 소재로 한 글이다. 거대한 바위를 겨우 산 정상까지 밀어 올리면 그다음 순간 바위가 무게를 이기지 못하고 다시 아래로 굴러떨어진다. 시시포스는 이 희망 없는 노동을 영원히 계속해야 한다.

하지만 카뮈는 시시포스의 이 노동도 '정상을 향해 나아가는 투쟁'이라고 생각하면 만족감을 느낄 수 있다고 주장한다. 내가 살아가는 하루하루를 지배하는 주체는 바로 나 자신이며 자신의 의지로 같은 일을 계속한다면 결코 쓸모없거나 시시한 일이라는 생각이 들지 않는다고 힘주어 말한다.

이는 니체가 강조한 영겁회귀(Eternal Return), 즉 '시간은 원의 형상을 띠며, 그 안에서 생(生)이 영원히 반복된다'는 사상과도 일맥상통한다.

보람도 없는 그저 지루한 일이라고 생각하면 그 어떤 일도 지루할 수밖에 없고, 무엇이든 공부 아닌 일이 없다고 생각하면 같은 일에서도 충분히 보람을 느낄 수 있다.

'나이가 들수록 일자리가 줄어드는 게 현실이다. 젊었을 때와는 달리 앞으로 하게 될 일에서 보람 같은 건 기대할 수 없다'고 생각한다면 바로 그 생각이야말로 당신에게서 보람을 빼앗는 주범이라는 사실을 깨닫기 바란다. 만족도 행복도 오직 당신이 어떻게 생각하느냐에 달렸으니까.

삶의 보람을 어디에서 찾을 수 있을까?
내가 보람을 느끼는 일은 무엇인가?

14

내가 가진 강력한 무기는 무엇인가?

내가 지금 하고 있는 일을 떠올려보자. 자신이 좋아하는 일인가 아니면 아주 좋아하는 정도는 아니지만 그다지 힘들이지 않고 할 수 있는 일인가. 많은 사람이 의외로 간과하기 쉬운 사실 중 하나는 자신의 '강점'은 좋아하는 일을 할 때뿐 아니라 '그다지 힘들이지 않고 할 수 있는 일'을 할 때도 발휘된다는 점이다.

예컨대 모르는 사람을 불쑥 찾아가 상품을 판매하는 방문 영업자가 있다. 낯선 사람과 이야기하는 것이, 더구나 처음 만난 사람을 설득해야 하는 것이 고통스러운 사람이 있는가 하면 그렇지 않은 사람도 있다. 이 일을 덜 힘들어하는 사람일수록 더 많은 사람을 만나고 더 많은 곳을 찾아다닐 것이다. 단지 더 많이 돌아다녔기 때문에 더 피곤한 것도 아니다. 이 일 자체를 힘겨워하는 사람일수록 훨씬 더 큰 피로감을 느낀다. 따라서 그리 큰 힘 들이지 않고도 할 수 있는 일, 쉽게 지치지 않고 할 수 있는 일이 있다는 것은 상당히 강력한 무기를 지닌 것임을 잊지 말자.

내가 크게 힘들이지 않고 할 수 있는 일은 과연 무엇일까. 사실상 기력이 조금씩 떨어지는 인생 후반에는 바로 이런 일을 앞으로 지속할 수 있는 직업으로서의 '일'로 삼으면 좋다.

앞에서 '돈을 위해 일한다'는 주술에서 자유로워지자고 말했다. 일본어에서 직업으로서의 일을 뜻하는 '仕事(시고토)'는 원래 '為事(시고토)'라 쓰고, 신체와 머리를 사용해 일한다는 의미로 사용했다. 나중에 점차 뜻이 바뀌어 직업을 가리키는 말이 되었지만 원래는 '해야 할 일을 하는 것'이 일의 의미였다.

이 말을 되새기며 인생 후반부터는 자신이 활기차게 할 수 있는 것을 모두 '일'이라고 인식하면 어떨까. 직업이든, 취미든, 자원봉사 활동이든 뭐든지 좋다. 대가가 따라오는지 아닌지는 차치하고, 자신이 힘겨워하지 않고 에너지를 쏟을 수 있는 활동을 모두 '나의 일'이라고 생각하자는 뜻이다. 내가 할 수 있는 일을 즐기며 보람을 느낀다면, 나아가 그 일이 수입으로도 연결된다면 더욱 행복할 것이다. 이렇게 생각하면 일의 의미가 단번에 넓어진다. 50대부터의 '일'은 그런 것이라고 다시금 정의해보자.

그다지 좋아하진 않지만 큰 어려움 없이
해낼 수 있는 일이 있는가? 있다면 그 분야를 적어보고
직업으로 삼을 수 있을지까지 고려해보자.

15

'인생의 낙'인 소일거리가 있는가?

나이가 50을 넘어가면 "요즘 사는 낙이 없어", "사는 보람이 없어"라는 말을 자주 하게 된다. 이제는 그동안 살던 대로 살다 편안히 여생을 마무리하면 된다, 젊은 사람처럼 열정적으로 새로운 일을 시작하기엔 너무 늦었다는 생각에 스스로를 가둬두기 때문이다.

그렇다면 사는 보람이란 무엇일까. 앞서 '보람 있는 일을 해야 한다', '사는 보람을 찾아야 한다'고 강조했는데, 사실 '사는 보람'이라는 말은 굉장히 추상적인 개념이다. 따라서 이를 명확히 의식하지 못하면 찾기 어렵다.

50대부터의 일을 '힘들지 않고 쉬이 지치지 않으며 의욕을 갖고 에너지를 쏟는 활동'이라고 정의한다면 그런 일을 하며 마음이 기뻐하는 시간을 보내는 것이야말로 삶의 보람이라 할 수 있다. 예컨대 돈 벌기를 목적으로 하지 않지만 인생을 풍요롭게 해주는 일로 정원이나 텃밭 가꾸기가 있다.

독일의 소설가 헤르만 헤세는 50세가 넘어서 취미로 정원을 가꿨다. 그의 책 『정원에서 보내는 시간』에서는 헤세가 행복한 표정으로 정원을 돌보는 사진을 볼 수 있다. 헤세에게 정원은 깊은 사색의 장소이자 창조력을 가져다주는 원천이었다. 돈으로는 살 수 없는 충족감을 주는 공간이었다.

시간에 여유가 생기고 나서 흙과 친해져 텃밭을 가꾸기 시작하는 사람이 늘고 있다. 농사를 지어 수입을 내려 하기보다는 수확한 채소와 과일을 가족과 함께 먹거나 주변 사람들에게 나눠주기 위해 시간과 품을 들여 잡초를 뽑고, 물을 주고, 열매를 딴다. 자신이 땀 흘려 키워낸 채소와 과일을 먹는다는 것은 땅의 생명력을 가득 품은 건강한 식재료를 얻는다는 실질적인 이득뿐 아니라 정신적으로도 풍요롭고 뿌듯한 만족감을 선사한다.

자연과 함께하는 작업은 인간이 마음먹은 대로 되지 않는다. 식물마다 관리 방법이 달라 좀처럼 싫증도 나지 않는다. 나름대로 보람도 크다. 지치지 않는 일이기는커녕 매우 고단하고 힘든 일일지 모른다. 하지만 이런 고생을 능가하는 기쁨을 맛볼 수 있기에 의욕이 생기는 '일'인 것이다. 대가라고 해서 반드시 금전적인 것만을 가리키진 않는다. 자산 역시 마찬가지다. 인생 후반에 하면 좋을 일이라든가 삶의 보람을 생각할 땐 경제 논리에서 약간 벗어난 곳에 실마리가 있기도 하다.

인생을 즐겁게 해주는 소일거리가 있는가?
없다면 무엇을 해보고 싶은지 적어보자.

16

나는 쓸모 있는 존재인가?

우리는 일상에서 다양한 형태로 사람들과 관계 맺으며 살아간다. 평소에는 그 사실을 별로 의식하지 못하다가 당연하다고 여기던 '관계'와 '관계성'에 변화가 생기면 비로소 지금까지 누군가가 자신을 필요로 했다는 사실을 깨닫는다.

'나를 필요로 한다'는 감각은 인간에게 큰 기쁨을 준다. 만족감과 자기긍정감이 솟아나고 이는 살아갈 의욕으로 이어진다. 지금까지 주도적인 역할을 맡아 진행해오던 프로젝트에서 빠지고 그 자리를 후배가 대신 맡는다면, 성장한 자녀가 품을 떠나 더 이상 내 도움을 필요치 않게 된다면 어떨지 생각해보자. 큰 짐을 내려놓았다는 홀가분함은 얼마 못 가 사라지고 이제 더 이상 나를 필요로 하지 않는다는 사실에 더없이 쓸쓸한 기분을 느낄 것이다. 인간은 다른 사람들과 연결되어 있어야 안도감을 느끼고, 자신이 사회에 필요한 인물이 되기를 원한다. 그동안 맡아왔던 역할에서 물러나 쓸쓸함이, 외로움이 밀려든다면 이제 새로운 역할을 찾아 나서보자.

세상이 더 이상 필요로 하지 않는 쓸모없는 존재라는 자괴감에 빠진 나머지 마음의 문을 걸어 잠그고 외부와 단절한 채 사는 것은 결코 좋지 않다. 구덩이를 파고 점점 더 깊은 어둠 속으로 들어가면 '나는 쓸모가 없어, 그러니 가치 없는 인간이야'라는 절망으로까지 치닫는다. 이때는 사회가 날 필요로 할 때까지 기다리지 말고 내가 세상에 도움을 줄 수 있는 일이 없을까 적극적으로 찾아 나서야 한다.

혈액순환이 원활해야 건강을 유지할 수 있는 것과 마찬가지로 사람과 사람 사이의 관계도 흐르지 않고 멈춰 있으면 좋지 않다. 새로운 관계를 맺고 기존의 관계에서도 변화를 꾀하며 꾸준히 순환하는 것이 무엇보다 중요하다.

조금만 관심을 기울이면 자원봉사자의 손길을 기다리는 일을 얼마든지 발견할 수 있다. 스스로를 사회의 혈액과도 같은 존재라고 생각하라. '한 방울의 혈액'으로서 소중한 역할을 맡아 사회를 살아 숨 쉬게 하는 존재라고 생각한다면 후반생을 살아가며 절망에 빠지는 일은 좀처럼 없을 것이다.

나를 필요로 하는 곳이 있는가?
나의 가치는 어디에서 찾을 수 있을까?

잠깐 쉬어 가기②

내가 생각하는 나와 남이 바라보는 나

당신은 어떤 질문을 가장 많이 받는 사람인가? 나는 "어떤 책을 읽으면 좋을까요?"라는 질문을 자주 받는다. 그 사람이 왜 책을 읽는지, 책을 읽어 무엇을 얻고자 하는지 알면 상대에게 맞는 책을 얼마든지 추천해줄 수 있다. 반면 나에게 "어떻게 하면 인기를 얻을 수 있나요?"라고 질문하는 사람은 없다. 그 문제에 관해서는 내가 그럴듯한 답을 내놓을 수 없을 거라고 생각하기 때문일 것이다. 사람들이 부탁을 하고 조언을 구한다는 것은 '이 사람은 이 점이 훌륭해', '이런 걸 잘해'라고 생각한다는 증거다.

당신에게 인간관계에 관해 자주 상담해오는가? 그렇다면 주위 사람들이 당신을 그 분야에 지혜를 갖춘 사람이라고 평가한다는 뜻이다.

"어디 좋은 가게 없을까?"라는 질문을 많이 받는가? 그렇다면 사람들은 당신이 맛있는 가게를 많이 알고 있다고 생각하는 것이다. 이는 틀림없이 당신의 강점이다.

한편 내가 스스로 잘한다고 생각하는 일과 타인이 잘한다고 평가하는 일이 서로 다를 수 있다. 나는 교육론과 신체론을 전공했다. 음독(音読) 교육의 중요성을 알리기 위해 『소리 내어 읽고 싶은 일본어(声に出して読みたい日本語)』를 썼고, NHK 교육방송 「일본어로 놀자(にほんごであそぼ)」라는 프로그램을 종합 지도하기도 했다. 그렇다 보니 나를 일본어 전문가로 생각한 사람들이 자꾸 취재와 강연을 요청해왔다.

한때는 "저는 국어학 전문가가 아닌데요"라고 말하며 모두 고사했지만 이런 의뢰가 끊이지 않고 들어오자 나도 곰곰이 생각해보기 시작했다. 그러다 문득 사람들은 내게 전문적인 지식을 바라는 것이 아니라 '주제에 맞는 이야기를 이해하기 쉽게 전달해주기'를 원한다는 사실을 깨달았다. 그렇다면 나만이 할 수 있는 어떤 일이 있는 것 아닐까. 그 뒤로 나는 내 전공 분야가 아니라 할지라도 강연 요청이 들어오면 기꺼이 수락한다.

사람들이 나에게 무언가를 묻고, 조언을 구하고, 요청해온다면 '아, 내가 사람들에게 이런 분야에서 인정받고 있구나'라고 생각하자. 기대에 부응하기 위해 노력함으로써 내 영역이, 내 능력이 점점 커진다는 사실 또한 실감할 수 있을 것이다.

17

교류의 끈을 놓지 않고 있는가?

50세가 넘은 이후부터 묘하게도 학창 시절이 그리워진다는 이야기를 많이 듣는다. 옛 친구, 스승, 첫사랑 등 어린 시절을 함께 보낸 사람들의 얼굴이 하나둘 떠오른다는 것이다. 한창 바쁘게 일할 30대에는 동창회가 열린다는 연락을 받아도 무시하고 넘기기 일쑤였는데 50세가 넘자 과거를 추억하는 일이 잦아지고 옛날 친구들을 만나고 싶어진다.

나도 50이 넘은 뒤에는 동창회에 나가고 있다. 몇십 년 만에 만나는지라 처음에는 얼른 얼굴을 알아보지 못하는 경우가 왕왕 있지만 조금만 이야기를 나누다 보면 함께 간직한 추억 속에서 옛 모습이 또렷이 떠오른다. 그리고 얼마 지나지 않아 그

때 그 시절로 돌아간 듯 서로를 별명으로 부르며 유치한 장난을 치고 즐겁게 웃는다.

얼마 전에는 고교 시절의 친구와 술을 마시다 여자 동창생 아무개가 옛날 우리와 한 반이었던 아무개와 결혼했다는 이야기를 들었다. 두 사람에게 재회의 기회를 만들어준 것이 바로 동창회였다고 한다.

인생의 굴곡을 어느 정도 지나와 이 나이가 되면 '이 사람과는 앞으로 남은 인생을 함께 걸어갈 수 있겠다'는 판단력이 생긴다. 세월을 거치며 내가 어떤 가치관을 가지고 있는지, 무엇을 좋아하고 싫어하는지, 어디까지 감당할 수 있는지 등을 자각하게 되기 때문에 나와 인생을 함께할 사람을 더 지혜롭게 선택할 수 있는 것이다. 이것이 바로 어른이기에 가질 수 있는 강점이다.

만남이라고 하면 낯모르는 누군가와의 사귐을 떠올리기 쉽지만 시점을 바꿔 이전에 알았던 사람과 다시 '새롭게 만나보는' 것도 꽤 괜찮다.

이는 연애나 결혼뿐 아니라 인생 후반의 커뮤니케이션 전반과 관련된다. 인생 후반에 가장 경계해야 할 것이 바로 고독해지는 것이다. 가능한 한 자신을 열어놓고 다양한 사람과 만나는 것이 좋다. 새로운 누군가를 만나야 한다고만 생각하지 말고 오랜 친구와의 옛정을 새록새록 되새겨보자.

학창 시절을 함께 보낸 친구들은 멋있어 보이려고 폼 잡을 필요 없이 편하게 대할 수 있다. 고독을 방지해주는 가장 좋은 벗은 당신의 기억 속에 남아 있는 사람일지도 모른다.

'새로운 만남'의 기회를 자주 갖고 있는가?
내가 참여하고 있는 모임을 모두 적어보자.

18

나만의 취미 생활이 있는가?

나는 리오넬 메시가 출전하는 축구 경기는 하나도 빠짐없이 챙겨 본다. “정말 굉장해!” 하고 감탄한 장면은 영상을 몇 번이고 돌려가며 다시 본다. 골을 넣는 순간뿐 아니라 패스, 볼을 발에 감아 멈춰 세우는 동작 모두 넋을 잃을 정도로 멋지다. 슬로모션으로 몇 번이고 돌려 보는 동안 메시의 세세한 움직임을 깊이 관찰하게 되었고 그렇게 그의 실력을, 재능을 알아가면 갈수록 점점 더 열렬한 팬이 되었다.

일본인은 피겨스케이팅을 무척 좋아한다. 살코, 러츠, 악셀 등 점프 기술을 모두 잘 알고 볼 정도다. 2018년 평창동계올림픽에서 남자 싱글 피겨스케이팅 선수 하뉴 유즈루가 소치 동계올림픽에 이어 두 대회 연속 금메달을 차지했다. 나는 이 영상 역시 보고 또 보았다.

무언가를 여러 번 반복해서 보다 보면 그 분야에 지식이 쌓이고, 지식이 쌓이면 아는 만큼 더 많은 것이 보이기 때문에 점점 더 깊은 재미를 느낄 수 있다. 더불어 재미있으면 더 알고 싶어지는 선순환 속으로 들어가고 이는 삶의 에너지를 추동하는 활력으로 작용한다.

영화, 음악, 책 역시 마찬가지다. 반복해서 보고 듣는 동안 처음에는 놓치고 지나쳤던 부분을 새록새록 다시 발견할 수 있고, 어떤 상황에서 다시 접하느냐에 따라 전혀 다른 울림과 감동을 느낄 수도 있다.

나는 인생 후반기에 고전을 다시 읽어보는 것도 좋다고 생각한다. 그동안 인생을 살아오며 쌓아온 지혜와 안목이 젊었을 때와는 사뭇 다른 시각을 선사해 고전의 맛을 더욱 깊이 이해하게 되기 때문이다.

반복해서 보고 싶거나 듣고 싶은 것이 있다는 건 무언가를 알고 싶고 배우고 싶다는 의지, 좋아하는 일에 몰입할 수 있는 열정을 지니고 있다는 의미다. 후반생에 꼭 필요한 요소가 바로 이러한 것이 아닐까.

반복해서 보고 싶거나 듣고 싶은 것이 있는가?
무엇인가?

19

행복 감수성을 높여가고 있는가?

언젠가 몇 년이나 찾아 헤매던 CD를 인터넷 중고 사이트에서 발견해 구입한 적이 있다. CD를 손에 받아본 순간부터 그것을 재생해 음악이 흘러나오기 전까지 어찌나 가슴이 두근거렸는지 모른다. 다른 사람에게는 시간 낭비, 돈 낭비로 보이겠지만 내게는 소중한 '보물'을 얻기 위한 귀한 투자였던 셈이다.

골동품 수집이 취미인 사람은 우연히 귀한 물건을 발견하면 흥분을 감추지 못하고, '한정품'이라는 말만 들으면 사지 않고는 못 배기는 사람도 있다.

'맨홀카드'라는 것을 알고 있는가? 하수도 이미지를 개선하고 그 지역을 홍보하기 위해 맨홀 뚜껑에 디자인한 그림을 카드로 만든 것이다. 맨홀카드는 지방자치단체마다 디자인이 다른 데다 해당 지역에서만 살 수 있어 수집가들 사이에서 인기가 높다. 벌써 200여 종이 넘는 카드가 나와 있다. 이 맨홀카드 모으는 게 낙인 사람이라면 카드가 하나씩 쌓일 때마다 큰 기쁨을 느낄 것이다.

새로운 물건에 마음 설레하는 사람도 있다. 얼리어답터라고 불리는 이런 사람들은 전자제품이나 디지털 기기가 새로 출시되면 남들보다 먼저 사용해보기 위해 밤새 줄 서기도 마다치 않는다.

구하기 어려운 콘서트 티켓을 산다거나 6개월 후까지 예약이 꽉 차 있는 음식점에 가는 것도 마음 설레는 일 가운데 하나다. 그날이 기쁜 것은 물론이려니와 두근두근 설레는 마음으로 그날을 기다리는 '그동안의 시간'도 즐겁게 보낼 수 있기 때문이다.

설렘을 불러일으키는 일을 많이 갖고 있는 사람은 인생이 언제나 다양한 즐거움으로 채색될 것이다. '다 큰 어른이 뭐 하는 거냐', '이런 데 돈 낭비하지 마라', '한심하다'라는 주변의 평가에는 더 이상 귀 기울이지 않기로 하자. '나이 50이면, 중년이면 이렇게 행동해야 한다'는 외부의 기준에 나를 맞추며 내가 좋아하는 삶을 포기하지 말자. 지금까지도 그렇게 살아오지 않았는가. 이제부터는 정말로 내가 만족하는 삶, 내가 즐거운 삶을 가장 앞자리에 놓아두자. 행복을 느끼기 쉬운, 다시 말해 행복을 느끼는 감수성이 높은 인생이란 얼마나 멋진가!

무엇에 마음이 설레는지 알면 내가 어디에 가치를 두는지 파악할 수 있다. 최근에 설렘을 느낀 일은 무엇인가?

20

실패만큼은 절대 하고 싶지 않은가?

나이가 들어 좋은 점은 경험이 풍부하게 쌓인 덕에 대부분의 일은 웬만큼 해낼 수 있는 지혜가 몸에 배었다는 것이다. 하지만 이런 경험이 유익하게 작용하느냐 아니면 독이 되느냐는 자신이 어떻게 하는가에 따라 좌우된다.

경험치가 있다 보니 '나도 다 알아. 예전에 다 해봤어'라고 생각해 신선한 자극을 멀리할 수 있다. 알고 있는 것, 익숙한 것을 대할 땐 마음이 편하고 안정된다. 지금껏 해온 방식대로 똑같이 하면 실패할 확률도 낮다. 이 나이에 실패만큼은 절대 하고 싶지 않으므로 새로운 일에 도전하기를 점점 꺼리게 된다.

하지만 익숙하고 편안한 일은 그만큼 설렘을 주지 못한다.

감성을 녹슬지 않게 다듬는 방법은 새로운 일에 관심을 잃지 않는 것이다.

'이 나이에 처음!'이라는 일을 적극적으로 체험해보는 것이 좋다. 지금까지 한 번도 가보지 않은 곳에 간다거나 한 번도 해본 적 없는 일을 해보자. 이 경험에 '첫○○'이라는 이름을 붙이고 '오늘은 첫○○을 했다'고 SNS에 올리거나 수첩에 기록한다. 분명 그날은 신선한 활력을 얻은 기념일로 각인될 것이다.

나는 좀처럼 기회가 없어 줄곧 하와이에 가보지 못했다. 그러다 55세에 드디어 '첫 하와이'를 체험했다. 아름다운 해변을 거닐고, 신비로운 화산지형을 감상하고, 신선한 바람을 온몸으로 느끼며 자연 속에 빠져들었다.

작년에는 지하 공연장에서 열린 '인디 아이돌 콘서트'에 처음 가보았다. 그들이 직접 작사, 작곡한 노래를 듣고 환상적인 춤을 감상하며 함께 소리 지르고 몸을 움직였다. 어쩌면 나는 '인디'라는 말에 편견을 갖고 있었던 것 같다. 그들은 내 편견을 보기 좋게 깨부수며 그 자체로 완벽한 공연을 선보였다.

처음 경험하는 일은 긴장과 떨림, 흥분을 자아낸다. 이젠 좀 편하게 살고 싶다고 생각할지 모르지만 마냥 편안한 삶은 몸과 마음을 둔화시킨다. 놀라움과 신선한 자극을 안겨주는 '첫○○'을 많이 만들어 뇌와 마음에 활기를 주고 안티에이징 효과까지 누려보면 어떨까.

나는 익숙한 일만 하려는 사람인가
아니면 새로운 일에 도전하는 사람인가?
요 근래 처음 도전해본 일이 있다면 적어보자.

21

몸과 마음을 건강하게 관리하고 있는가?

나이 든 사람들의 가장 큰 걱정거리는 바로 '건강'이다. 종합건강검진을 거르지 않고, 주기적으로 병을 체크해도 어느 날 느닷없이 질병에 걸린다. 인터넷에는 건강 관련 정보가 넘쳐흘러서 어떤 정보가 유용한지를 판단하기조차 어렵다.

나는 건강에 있어서 '순환을 좋게 한다'는 관점을 중요시한다. 어깨 결림도 냉증도 모두 혈액순환이 좋지 않아 생기는 증상이다. 몸 상태가 나쁜 이유는 대부분 혈액순환이 나쁘기 때문이다. 혈액순환이 잘되면 심호흡하기가 수월해진다. 신선한 산소가 혈액으로 흘러 들어가므로 뇌가 활성화되고 그러면 혈액순환이 한층 더 원활해진다.

깊게 호흡하고 숨을 제대로 내쉬면 마음 또한 안정된다. 패닉 상태에 빠질 경우 피가 머리로 확 몰린다. 이럴 땐 천천히 숨을 내쉬는 데 집중해 깊이 호흡하면 차츰차츰 안정을 되찾을 수 있다.

혈액순환, 호흡 순환, 기(気) 순환은 삼위일체다. 이 세 가지의 흐름을 원활하게 만들면 몸도 마음도 건강한 상태를 유지할 수 있다.

지금 내 몸의 어느 부분이 막혀 있는가. 그곳을 풀어주려면 어떻게 해야 할까. 어깨 결림이 심하면 견갑골을 풀어야 한다. 견갑골이 풀리면 팔의 움직임이 부드러워지고 어깨 결림에서 비롯된 두통이나 불쾌감도 함께 사라진다. 어깨에서 등에 이르는 부분의 움직임이 편안해져 호흡에도 좋은 영향을 미친다.

고민이 많고, 스트레스가 심해 우울하다면 이는 부정적인 감정이 고여 움직이지 않고 있는 상태다. 멈춰버린 '기'가 흘러갈 곳을 잃어버린 탓이다. 이럴 땐 마음이 원활하게 흐를 수 있도록 움직여야 한다. 슬픈 영화를 보고 눈물을 흘린다거나 친구와 대화를 나눈다거나 마음껏 웃으며 막혀 있는 마음을 토해내도 좋다. 아니면 취미처럼 자신이 좋아하는 일에 몰두해 나쁜 감정을 흘려보낼 수도 있다. 이런 과정을 거치면 상쾌한 감정이 밀려온다.

답답한 가슴이 뻥 뚫리고 혈액과 에너지가 활발하게 순환하면 몸과 마음이 건강해진다. 그리고 건강이 기본이 되어야 좋아하는 일이든 새로운 일이든 시작할 수 있다. 심신의 건강을 유지하고 싶다면 '원활한 흐름'에 집중하자.

지금 나의 건강 상태는 어떠한가?
불편한 곳이 있다면 적어보고 건강관리 계획도 짜보자.

22

기분을 전환해주는 나만의 스위치가 있는가?

불쾌해지고 싶은 사람이 있을까? 앞에서 말했듯이 불쾌해지는 이유는 기가 흐르지 못하고 고여 있기 때문이다. 인상을 쓴 채 툴툴거리는 사람을 보면 어른스럽지 못하다고들 말한다. 자기 감정에만 빠져 겉으로 나쁜 에너지를 솔솔 흘려보내며 주변 사람들까지 불편한 기분 속으로 몰아넣기 때문이다. 응어리진 감정을 여유롭게 털어내고 가능한 한 기분 좋게 살아가는 것이, 온화한 기운을 발산해 주변 사람들까지 감싸 안는 것이 어른다운 삶의 모습이다.

그렇다면 어떻게 해야 기분 좋은 상태를 만들 수 있을까.

괴로운 일이 생겼다고 하자. '이렇게 하면 괴로움 따위 말끔히 털어버릴 수 있어' 하는 나만의 비법을 갖고 있는가. 한바탕 울거나 웃거나 수다를 떨며 불쾌한 기분을 날려 보내는 법 외에도 언짢은 생각에서 거리를 두는 방법이 있다.

기분이 나빠지면 나는 이탈리아 작곡가인 알비노니의 「아다지오(Adagio)」를 듣는다. 아름답고 우아한 오케스트라 선율에 빠져 있으면 현실의 언짢음 같은 건 어느새 말끔히 사라진다. 또한 시간 여유가 있으면 영화를 연달아 세 편 정도 본다. 현실과 동떨어진 세상에서 시간을 보내고 나면 단 반나절 만에 엄청 먼 데까지 여행하고 돌아온 느낌이 든다. 괴로운 일쯤이야 까마득히 멀리로 사라지고 마는 것이다.

라쿠고를 듣는다거나 실컷 웃을 수 있는 개그 프로를 보는 것도 좋다. 만담가이자 예능인인 아야노코지 기미마로의 라쿠고 공연이 50대 이후 여성들에게 인기 있는 이유도 독설 만담에 폭소를 터뜨림으로써 기분을 한껏 끌어올릴 수 있기 때문이다. 불쾌함을 상쾌함으로 전환하는 방법과 함께 '내 기분을 반드시 즐겁게 해주는 것'이 무엇인지를 파악해두면 마음을 안정시키기 쉽다.

좋아하는 아로마 향을 맡을 때, 촉감이 부드러운 물건을 만질 때, 반려동물과 함께 있을 때 기분이 좋아진다는 사람이 있다. 이처럼 사람들은 저마다 안정감을 느끼는 대상 및 기분을 전환하는 방법을 갖고 있기 마련이다.

50이 넘어가면서 우울증을 겪는 사람이 늘어나고 있다. 그동안 열심히 추구해왔던 목표가 사라진 데 대한 상실감, 내 존재 가치에 대한 의심, 알 수 없는 미래가 주는 불안감 등 온갖 감정이 덮쳐오기 때문이다. 여기저기서 솟아나는 어두운 감정을 차곡차곡 모아둔 채 그 안에서 허우적거리지 말고 빨리 이 감정을 흘려보내야 한다. 무엇이 내 마음에 행복을 가져다주는 스위치 역할을 하는지, 기분 전환 버튼은 무엇인지 알고 있으면 지금보다 더 유쾌하게 인생을 즐기며 살 수 있을 것이다.

불쾌한 기분을 유쾌한 기분으로 바꾸는
나만의 비법이 있는가? 있다면 적어보고, 없다면 무엇이
나만의 비법이 될 수 있을지 고민해보자.

23

짜증과 분노를 잘 다스리고 있는가?

예전의 나는 항상 얼굴을 찌푸리고 있는 사람이었다. 조그만 일에도 짜증을 내고, 굳은 얼굴로 사람들에게 모진 말을 내뱉었다.

기분을 조절하는 건 너무 어렵다고 생각하는 사람들이 있다. 내 의지로 되는 일이 아니라고 여기는 사람들도 있다. 하지만 이는 잘못된 생각이다. 습관을 들이면 누구나 쉽게 기분을 바꿀 수 있다. 내가 바로 산증인이니 내 말을 믿어도 좋다.

기분 좋은 상태를 유지하면 주변에 좋은 에너지를 전달하고 사람들과도 원만하게 교류할 수 있다. 따라서 고독해지기 쉬운 인생 후반에는 기분을 조절하는 능력을 반드시 갖춰야 한다.

예컨대 집에 택배 배송원이 왔다고 생각해보자. 갑자기 인터폰이 울리면 하던 일을 멈추게 된다. 한창 몰두해 있던 작업을 중단해야 하는 것이다. 그 때문에 나도 모르게 짜증이 난다. 이 기분이 그대로 겉으로 드러나 발을 쿵쿵거리고, 벌컥 문을 열고, 찡그린 얼굴로 택배 배송원을 쳐다볼 확률이 높아진다. 하지만 이때 잠깐 심호흡을 하고 웃음 띤 얼굴로 문을 열어보자.

나는 어깨를 두세 번 휘휘 돌리고 가볍게 뛰어 문을 열러 나가곤 한다. 그리고 미소 지으며 "항상 고맙습니다" 혹은 "더운데 고생이 많으십니다"라고 말한다. 불쑥 짜증이 솟을지라도 그 감정을 억누르고 기분 좋게 대하려 노력한다.

편의점 직원에게도, 택시 운전기사에게도 스스로 무리하지 않는 선에서 기분 좋게 대해보자. 의식해서 줄곧 이렇게 행동하다 보면 '누구에게나 웃는 낯으로 대하는' 모습이 평소의 내 모습으로 자리 잡힌다. 항상 부드러운 표정을 짓고 있는 내가 만들어지는 것이다.

짜증을 다스리는 방법을 알고 있는가?
사람들을 만날 때면 웃으며 건네는 인사말이 있는가?
있다면 적어보자.

24

있는 그대로의 나를 받아줄 친구가 있는가?

속상하거나 슬플 때 속마음을 솔직히 털어놓을 수 있는 친구가 있는가? 내가 무슨 말을 해도 탓하지 않고 받아줄 친구가 있는가? 그런 친구가 있다면 당신의 인생은 성공했다고 말할 수 있다.

내면에서 끝없이 솟아나는 부정적인 감정을 그대로 담아놓으면 한곳에 모여 걷잡을 수 없이 커지기 마련이다. 쌓이지 않도록, 고이지 않도록 흘려보낼 출구가 있어야 한다.

친구의 의미를 이렇게만 한정할 순 없지만 친구는 내 속에 고인 감정을 쏟아낼 수 있는 숨구멍 같은 존재이다. 누구에게도 말하기 어려운 고민을 친구에게만은 솔직하게 털어놓을 수 있고, 부끄러운 치부까지도 전부 드러낼 수 있다. 견고한 믿음 위에 세워진 이런 관계 안에서 가슴속에 가득 쌓인 감정을 털어놓으면 속이 후련해지면서 다시 힘을 내 살아갈 용기가 솟아난다.

50세, 인생의 전환기인 이 시기에 찾아올 허탈함, 상실감, 불안, 분노, 슬픔 같은 감정을 나누고 함께 이겨낼 진실한 친구가 지금 당신 곁에 있는가? 주변을 한번 점검해보자.

고민이나 하소연을 편하게 털어놓을 수 있는 친구가 있다면
그 친구를 떠올리며 이름을 적어보자.
당신은 친구의 말을 잘 들어주는 사람인가?

잠깐 쉬어 가기③

기분을 조절해주는 '3·2·15' 호흡법

좌선이나 명상법을 모르는 사람도 어디서든 손쉽게 할 수 있는 자가조절법을 하나 소개하겠다. 이는 내가 고안해낸 방법으로 '3·2·15' 호흡법이다. 우선 3초 동안 코로 숨을 들이마시고 2초 동안 멈춘다. 그리고 가늘게 천천히 15초 동안 뱉어낸다. 익숙해질 때까지는 10초 동안 숨을 뱉어내도 괜찮다. 이렇게 한 세트씩 3~6회를 반복한다. 숨을 끝까지 다 뱉어내는 게 핵심이다. 완전히 뱉어내야 다음에 다시 크게 들이마시며 심호흡할 수 있다. 호흡을 길게 내뱉는 것이 가능해지면 15초 이상으로 늘려도 좋다. 간단해 보이지만 이 호흡법만 계속 실천해도 부교감신경 기능이 향상되고 자율신경의 균형이 바로잡혀 마음이 편안해진다. 신체에서 쓸데없는 힘이 빠져나가 자연스러운 상태를 유지할 수 있고 몸이 유연해진다. 꼭 시도해 보고 '기분이 좋아지는 방법' 중 하나로 추가하기를 권한다.

25

평범한 일상에 자극을 주고 있는가?

전시회, 콘서트, 연극 같은 예술은 매일매일 비슷한 일상을 이어가는 우리 삶에 신선한 자극을 준다. 재밌어 보이는 공연이나 전시회 정보를 얻으면 "이건 꼭 봐야 돼!"라고 외치며 바로 공연장으로, 미술관으로 향하는 사람이 있다. 하지만 반대로 "그런 데 일일이 찾아다니기 귀찮다"고 말하는 사람도 있다. 귀찮음이 흥미로움을 제압해버리는 사람은 마음이 쉽사리 움직이지 않아 행동할 의욕이 낮은지도 모른다.

간혹 콘서트나 연극 관람 비용이 비싸다고 생각하는 사람이 있다. 하지만 자주 다녀본 사람은 어떻게 하면 티켓을 저렴하게 구매할 수 있는지 잘 안다. 보고 싶다는 열의에서 비롯된 이런 정보력은 역시 열의에서 비롯된 행동력과 연결된다.

별로 보고 싶은 공연이 없다면 가족이나 친구를 따라가 보는 것도 좋은 방법이다. 가봤더니 역시 생각만큼 좋지 않았다거나 뭘 말하려는 건지 하나도 모르겠다 하더라도 그건 그것대로 좋다. 라이브 공연을 직접 보고 들으며 그 자리의 분위기를 체험했다는 데 의미가 있기 때문이다.

예컨대 친구를 따라 가부키 공연장에 갔다고 생각해보자. 화려한 무대, 배우들의 절도 있는 모습과 생생한 숨결, 북·피리 같은 악기 연주 소리와 샤미센(세 줄로 이루어진 일본 고유의 현악기 - 옮긴이)의 선율 등을 한 번이라도 맛본다면 TV에서 방영하는 가부키 극을 보더라도 극장에서 직접 경험한 현장감을 떠올리며 극을 더욱 실감 나게 즐길 수 있다.

요즘은 동영상 사이트가 발달해 가부키 공연 또한 집 안에 앉아 컴퓨터로 즐길 수 있다. 처음부터 끝까지 보든 보고 싶은 장면만 보든 내 마음대로 할 수 있어 무척 편리하지만 직접 공연을 관람한 사람과 컴퓨터로만 본 사람은 같은 극을 보더라도 받아들이는 느낌과 감동이 완전히 다를 것이다.

그림이나 미술 작품도 마찬가지다. 고흐의 그림을 직접 보거나 가마쿠라시대의 불상 조각가 운케이의 조형 작품을 실제로 접했을 때 느껴지는 박력은 그야말로 천지 차이다.

한 연구에 따르면 영화나 연극, 미술 작품을 정기적으로 접하는 사람의 경우 우울증 위험이 낮아진다고 한다. 공연을 즐기러 가는 동안 몸을 움직이고, 사람들 사이에 섞여 예술가의 창조적 에너지를 흡수하는 동안 기운이 순환하며 활력이 생기기 때문일 것이다.

예술은 어렵다고 생각해 다가가기를 주저하는 사람이 많다. 하지만 나는 그럴 필요 없다고 단언한다. 예술을 접하는 가장 큰 이유는 누군가가 생명력을 불어넣어 만든 창조물을 만나서 그 안을 가득 채운 힘을 느끼는 데 있다. 단지 생명의 에너지를 느끼는 일, 그 에너지를 받아 내 삶의 활력으로 삼는 일이 중요할 뿐이다.

최근에 예술 작품을 접한 적이 있는가? 있다면 무엇을 보았고,
어떤 느낌이었는지 적어보자. 없다면 예술 작품 감상 계획을 짜보자.

26

인터넷과 친하게 지내고 있는가?

요즘 웬만한 정보는 인터넷에서 다 찾을 수 있다. 예전에는 암기력이 한 사람의 능력을 평가하는 데 중요한 기준이 되었지만 최근에는 수많은 정보 속에서 꼭 필요하고 중요한 정보만 쏙쏙 골라내는 '검색 능력'이 중요한 자질로 떠오르고 있다.

대학교에서 강의할 때 나는 학생들에게 주제를 하나 제시하고, 그 주제와 관련된 키워드를 세 개 선택해 검색해보도록 한다. 어떤 키워드를 넣어야 원하는 정보를 재빨리 찾을 수 있는지, 어떤 단어를 선택하느냐에 따라 결과가 얼마나 달라지는지를 알려주기 위해서다.

"모두 같은 주제를 조사하므로 같은 내용을 발표해도 어쩔 수 없습니다. 하지만 가능한 한 다른 사람과 겹치지 않는 내용을 발표하려고 노력해주세요." 이렇게 말하면 학생들은 눈에 불을 켜고 정보를 검색한다. 얕은 물에서만 물고기를 잡으면 다른 사람과 같은 어종을 잡을 확률이 높다. 나는 학생들이 더 깊은 물속으로 들어가 "와! 그런 것까지 알아낸 거야?" 할 정도로 희소한 자료, 이른바 '심해어'를 낚아 올리길 바란다.

'검색 능력이 뛰어나다'라는 말 속에는 정보를 찾아내는 능력뿐 아니라 진위를 판별하는 능력 역시 뛰어나다는 의미가 담겨 있다. 인터넷에는 방대한 정보가 넘쳐나지만 옥석이 마구 뒤섞여 있다. 어디서 어떻게 찾아낸 것인지도 모르는 수상한 정보, 아예 잘못된 정보, 의도적인 가짜 뉴스가 무궁무진하다.

이 정보를 신용해도 좋을지, 참고해도 좋을지를 판단해야 하는 사람은 나 자신이다. 판단 능력이 있어야 검색 능력이 있다고 말할 수 있다. 따라서 '이것은 누가 무엇 때문에 올려놓은 자료인지', '애초에 정보의 출처가 명확한지' 등을 냉철하게 확인해야 한다.

많은 사람이 인터넷과 관련된 일은 한 살이라도 어린 사람이 더 잘한다고 생각한다. 물론 속도 면에서는 그들을 이길 수 없을지 모른다. 하지만 옥석을 가리는 판단 능력, 더 질 좋은 정보를 골라내는 선택 능력에서만큼은 풍부한 경험을 갖춘 '어른'을 따라잡기 어렵다. 그러니 '이제는 눈이 나빠져 모니터 쳐다보기 힘들다', '젊은 사람들의 속도를 따라잡을 수 없다'며 지레 포기하지 말고 자신만이 지닌 강점을 살려 검색 능력을 길러보자.

자주 깜박거리는 건 물론, 고유명사가 얼른 생각나지 않아 "그거 있잖아"를 연발하는 50대 이후부터는 검색 능력이 더욱 중요해질 것이다. 검색하는 능력 하나만 제대로 갖추어도 세상은 완전히 달라진다. 혼자 있어도 외롭지 않고, 꼬리에 꼬리를 물고 정보를 검색하는 동안 지식과 관심이 점점 넓어지고 깊어진다. 만나는 사람도, 배울 기회도 줄어든 사람에게는 세계가 확장되는 공간이다. 내가 편하게 살기 위해서도, 빠르게 변화하는 세상 속에서 뒷방 늙은이 취급당하지 않기 위해서도 검색 능력을 반드시 키우도록 하자.

하루에 몇 시간이나 인터넷에 접속하는가?
스스로 원하는 정보를 찾아내는 횟수는 얼마나 되는가?

27

사유할 시간을 충분히 누리고 있는가?

많은 사람이 '철학은 고리타분한 학문'이라고 생각한다. 실용적이지 않고 먹고사는 데 전혀 도움이 되지 않는 학문쯤으로 여겨 크게 관심을 기울이지 않는다.

그럼에도 나는 사람들이 철학에 관심을 갖는 시기가 인생에 세 번 찾아온다고 생각한다. 1기는 고등학생에서 대학생에 이르는 청년기다. 자의식이 눈뜨는 이 시기에 '나는 누구인가? 산다는 건 무엇인가? 사람은 왜 일하며 살아야 하는가?' 같은 의문을 갖게 된다. 이때 철학과의 첫 만남이 이루어진다.

사회에 나오면 철학과는 조금 거리가 생긴다. 생산성과 효율성을 추구하는 현실 사회에서는 "이것저것 불평하기 전에 업무를 익혀서 한 사람 몫을 다 해주길 바라네"라는 요구를 받으며 살아간다. 조직의 요구에 부응하기 위해 일에 치이며 살아가다 보면 시간을 갖고 깊이 사고에 젖어들 여유가 사라진다.

2기는 사회에서 자신이 설 위치가 정해진 40세 무렵이다. 이때가 되면 사람들은 삶을 근본적으로 되돌아보고 싶어 한다. 철학을 자신의 사고관과 조율해 현실적으로 인지하고 학생 시절에 접해본 철학을 다시 공부하거나 혹은 새로운 철학서를 찾아 읽는다.

3기는 죽음을 의식하기 시작할 무렵이다. 주변 사람들이 하나둘 세상을 떠나고 자신의 죽음에 관해서도 생각하지 않을 수 없다. 나는 두려워하지 않고 죽음을 맞이할 수 있을까. 평온하게, 후회 없이 세상을 떠나려면 어떻게 해야 할까. 철학적인 혹은 종교적인 사고를 접하며 삶과 죽음을 깊이 들여다보게 된다.

2기와 3기가 따로따로 찾아오기도 하고, 2기 단계에서 여러 가지를 배우다 그대로 죽음의 철학에까지 발을 들여놓기도 한다. 나이가 들면서 가까운 사람들의 장례식에 참석하는 일이 점점 늘어나고 종교나 교파에 따른 장례식의 차이를 생각해보는 계기도 생긴다. 또한 집안의 선산 묘지나 납골당을 관리하게 되는 등 관심을 가질 수밖에 없는 상황이 생기기도 한다.

마음이 원한다는 건 그러한 시기에 접어들었다는 뜻이다. 철학은 고리타분한 학문이 아니라 우리가 더 잘 살기 위해, 더 행복하게 살기 위해 꼭 알아야 할 학문이다. 지금을 철학이나 종교를 다시 접할 또 하나의 기회로 삼아도 좋을 것이다.

철학을 접하고 있는가?
철학은 우리 삶에 무엇을 가져다주는가?

28

실수를 두려워하는가?

새로운 것을 배우려 할 때 당신은 학원부터 끊는 사람인가 아니면 책부터 구입하는 사람인가. 전문가에게 배우는 걸 좋아하는 사람이 있고, 책을 찾아 읽으며 혼자 공부하는 걸 좋아하는 사람이 있다.

인생 중반 이후에 무언가를 배우려 한다면 나는 전문가를 찾아갈 것을 권한다. 뭐든지 그렇지만 기초는 그다지 재미가 없다. 악기를 배울 때도 기본음을 내기까지 지루한 연습을 반복해야 한다. 간단한 곡일지라도 처음부터 끝까지 한 곡을 다 연주할 수 있게 되면 갑자기 악기 연주가 재밌어진다. 강사나 교사는 이 길을 안내해주는 사람이다. 실력 있는 전문가에게 지도받으면 빠르고 편하게 배울 수 있다.

독일의 시인이자 철학자인 괴테도 독학에 부정적인 태도를 보였다. 초보자가 독학하면 기초를 다지는 데만도 많은 시간과 에너지가 소모된다. 게다가 재미가 없으니 꾸준히 계속하기가 어렵다. 독학하는 사람들은 '기초를 습득하고 나면 본격적으로 선생님에게 배우러 가야지'라고 생각한다. 하지만 실상은 기초가 생기기도 전에 좌절하고 포기하는 경우가 더 많다.

왜 기초를 혼자 배우려 하는 걸까. 창피당하고 싶지 않기 때문일 것이다. 처음부터 잘하는 사람은 없다. 모르고 못하고 실수하고 헤매는 게 당연하다. 그것을 부끄러워할 필요는 없다. 내가 얼마나 못하는지, 얼마나 모르는지를 아는 것도 중요하다. 그래야 어떻게 얼마나 공부해야 할지가 보이기 때문이다. 단번에 변하긴 어렵겠지만 이런 깨달음의 과정을 즐기는 방향으로 천천히 생각을 전환해보면 어떨까. 막상 해보면 별것 아닐 수 있다.

가마쿠라 말기의 시인인 겐코 법사(兼好法師)도 전통 가면음악극 '노가쿠(能楽)'를 배우는 지름길은 부끄러워하지 않고 사람들 앞에서 해보는 것이라고 강조했다.

더불어 무언가를 배우러 가면 다른 사람들과 교류할 기회가 생긴다. 학원이든 문화센터든 모임이든 배움의 장소에 가면 반드시 커뮤니티가 있다. 선생님과도, 함께 배우는 사람들과도 교류하게 된다. 인생 후반을 즐겁게 보내고 싶다면 이런 교류의 기회를 꽉 붙잡아야 한다.

나는 독학하는 스타일인가 학원에 가서 배우는 스타일인가?
학원 가기가 꺼려진다면 왜 그런지 이유를 적어보자.

29

새로운 시작 앞에서 우물쭈물하고 있는가?

시작도 잘하고 그만두는 것도 잘하는 사람이 있다. 참고 견디는 게 미덕인 시대에는 이런 사람이 쉽게 비난의 대상이 되었고, 비난받은 사람은 스스로를 자책하고 자신감을 잃어갔다. 하지만 나는 그럴 필요 없다고 생각한다. '그 일은 내가 정말 원한 게 아니었어' 또는 '나에게 꼭 필요한 일이 아니었어'라고 생각하면 그만이다. 어떤 일을 오래 지속하지 못했다는 이유로 또 다른 무언가를 새로 시작하길 겁낸다면, 금세 또 그만둘지 모른다는 불안감에 행동하기를 주저한다면 이는 인생을 낭비하는 꼴이다.

그동안 어떤 일을 시작했다 그만두기를 반복해왔는가? 그 과정이 모두 시간 낭비였다고 생각하는가? 정말 아무것도 배운 것 없이 흘려보낸 시간이었나? 일단 시도해보았기에 자신에게 맞지 않는다는 사실도 알게 되지 않았는가. 여러 시행착오를 거치는 동안 '이건 도저히 못 하겠어' 하는 일도 발견하고 '이 일만큼은 꼭 해낼 거야' 하는 일도 발견할 수 있다. 단념하는 것 또한 하나의 배움이다. 나에게 맞지 않는 일을 안다는 건 내가 무엇을 지향하는지를 다시 한 번 '깨닫는' 데 도움이 된다. 지금까지 쌓아온 이런 경험을 바탕으로 이제부터 시작될 인생 3기에는 내가 정말 좋아하는 일, 정말 나에게 맞는 일을 찾아나갈 수 있을 것이다.

'이건 도저히 못 하겠다'는 일이 있는가?
어떤 종류의 일인지, 왜 못 하겠는지 생각해보자.

30

스스로에게 적당한 스트레스를 주고 있는가?

적당한 긴장감은 마음에 활력을 가져다준다. 정년 후 사회생활 할 기회가 줄어들면 여러 사람 앞에서 자신의 의견을 말할 기회 또한 줄어든다. 혼자 오랜 시간을 보내거나 익숙한 상황에 오래 머물면 마음이 느슨해져 활력 또한 사그라지기 쉽다.

이럴 땐 일부러라도 사람들을 만나고 그들 앞에서 나를 드러내기 위해 노력해야 한다. 사람들과 사회·경제 문제에 관해 토론도 하고, 친구의 생일이나 동창회에 가면 여러 사람 앞에서 노래를 부르거나 악기를 연주해보는 것도 좋은 방법이다. 사람들에게 선보일 것이라 생각하면 평소에도 꾸준히 실력을 갈고닦을 수 있다.

스스로 압박감을 느끼며 집중하는 상황에 놓이면 내면에서 잠자던 무엇이 반짝 눈뜨듯 터져 나오는 감각을 느낄 것이다. 각성과도 같은 이런 감각 역시 어떤 일을 몸에 익혀나가며 느끼는 재미와 쾌감 중 하나다. 잠들기 쉬운 이런 감각을 흔들어 깨우는 시간을 자주 가져보자.

요 근래 사람들 앞에 서본 적 있는가?
무엇을 했는가?

31

오늘의 행복을 내일로 미루고 있지 않은가?

세상에는 괴짜들이 참 많다. 하나에 푹 빠져 그것만 연구하는 사람도 일종의 괴짜라 볼 수 있다. 후지산을 좋아해 모든 정보를 줄줄 꿰고 있는 사람부터 피규어에 빠져 집 전체를 피규어로 도배한 사람, 세상에 존재하는 모든 거미류를 데려와 집에서 직접 키우는 사람까지 관심사도, 형태도 다종다양하다.

이처럼 다양한 사람들에게도 한 가지 공통점이 있다. 그들은 모두 어떤 대상을 단순히 '좋아하는' 데 그치지 않고 더 '깊은 부분까지 즐기고' 있다는 것이다. 그들은 자신이 좋아하는 대상에 관해서라면 몇 날 며칠 동안 쉬지 않고 이야기할 수 있을 것만 같다. 다른 사람은 발견조차 하지 못할 세세한 부분까지

거론하며 왜 이것을 좋아하는지, 이것의 장점은 무엇인지, 매력이 무엇인지 열정적으로 설명한다.

푹 빠져 몰입할 수 있는 무엇, 언제든 기쁨을 가져다주는 무엇을 갖고 있는 사람은 행복 하나를 손에 쥔 것이 분명하다. 무언가를 깊이 좋아하면 미세한 차이까지 알게 되고, 다른 사람은 알아채지 못하는 차이를 알게 되면 더욱더 깊은 매력을 느껴 더욱더 좋아하게 된다.

그런 의미에서 보면 수련을 모티브 삼아 꾸준히 그림을 그린 프랑스 화가 클로드 모네나 생트 빅투아르산을 여러 번 그린 폴 세잔 역시 한 가지에 푹 빠진 괴짜라 할 수 있을 것이다. 날씨에 따라, 시기에 따라, 화가의 마음 상태에 따라 시시각각 다른 모습을 보여주는 수련과 산을 관찰하며 이들은 마음이 움직이는 대로 그림을 그려나갔던 것이다. 그 순간 느낀 바로 그 모습을 표현하고 싶어 몇 번을 그리고 또 그렸음에도 평생 다 그릴 수 없었던 것이리라.

나는 모네나 세잔의 그림을 볼 때마다 그 속에서 반짝이는 생명력 같은 것을 느낀다. 더불어 자신이 푹 빠져 있는 대상에 관해 신나게 이야기하는 사람들의 얼굴 속에서도 그와 비슷한 생명력을 발견한다. 그 이유가 뭘까 곰곰이 생각해보다 이런 결론에 도달했다. 그들은 바로 지금 이 순간을 확실하게 살고 있다는 것이다. 좋아하는 일을 나중으로 미루지 않고, 지금 언을 수 있는 기쁨을 하나하나 만끽하며 현재에 충실한 삶을 살고 있었다.

당신은 어떠한가? 오늘을, 이 순간을 확실하게 살아가고 있는가? 아직 다가오지 않은 정년퇴직을, 아직 걸리지 않은 질병을, 아직 맞닥뜨리지 않은 실패를 미리 걱정하며 순간순간을 흘려보내고 있지 않은가? 지금 이 순간은 한번 흘러가면 다시 돌아오지 않는다는 사실을, 충실한 순간순간이 모여 미래를 결정한다는 사실을 다시금 되새기자.

무언가에 푹 빠진 적 있는가? 나를 매혹한 그 대상은 무엇이고, 어떤 점이 그렇게 매력적인지 적어보자.

32

인생의 묘미를 즐기고 있는가?

물건이나 상황의 좋고 나쁨을 한눈에 분별할 수 있는 능력을 '안목'이라 말한다. 안목을 갖춘 사람은 세부적인 사항만 보고도 많은 것을 알아차린다. 깊은 지식이 있는 데다 실제로 많은 것을 보고 경험하며 감각을 연마했기 때문이다.

내가 산책하며 자주 지나다니는 거리에 페르시안 카펫을 취급하는 가게가 있었다. 가게에 걸려 있는 카펫이 너무 예뻐서 정신없이 쳐다보고 있자니 주인이 다가와 여러 가지 이야기를 들려주었다. 페르시안 카펫의 역사부터 시작해 같은 페르시안 카펫이라도 산지마다 특징이 있다는 사실을 실제 카펫을 보여주며 설명해주었다. 씨실과 날실을 엮은 매듭 방식의 촘촘함 정도에 따라 카펫의 등급이 달라진다는 것과 그 짜임새를 감정하는 방법까지 친절하게 알려주었다. 소재, 직물의 짜임새, 매듭 방식, 색감의 차이까지 듣고 나자 다 비슷해 보이던 카펫이 전혀 다른 모습으로 눈앞에 나타났다.

이런 강의 아닌 강의를 반복해서 듣는 동안 나에게는 점점 페르시안 카펫을 보는 안목이 생겼다. 상품마다 차이점이 눈에 들어오자 카펫 구경하는 일이 점점 더 즐거워졌다.

다만 카펫의 차이를 알아볼 수 있게 되자 갖고 싶은 마음이 커져 곤란해지기 시작했다. 게다가 눈이 높아지니 좋은 카펫만 눈에 들어왔다. 품질 좋은 페르시안 카펫은 가격이 상당히 비쌌고, 자꾸만 고급 카펫이 갖고 싶어지는 내 마음이 두려워 한동안 카펫 가게를 피해 다른 길로 돌아다녔다.

무언가를 자세히 알고 그것의 좋고 나쁨을 구별할 수 있게 되면 깊은 즐거움을 느낀다. 알면 알수록 심오한 매력까지 발견한다.

나이가 들수록 무언가를 차차 알아가는 묘미가 더욱 깊어진다. 인생 후반에는 안목을 기르고, 높아진 안목으로 세상을 깊이 이해하는 재미가 생겨난다. 좋은 것을 보면 소유하고 싶어지는 욕심이 아직 남아 있어 갈등이 생기는 반면 마음이 홀린 것을 가까이 두고 바라보며 즐길 수 있는 여유가 생기기도 한다. 이 또한 나이가 주는 즐거움 중 하나 아니겠는가.

나는 어떤 분야에 안목을 가지고 있는가?
앞으로 어떤 분야를 조금 더 알아가고 싶은가?

잠깐 쉬어 가기④

건강한 '늪' 사용법

어느 날 친하게 지내는 편집자가 말했다. "사이토 선생님, 뭔가를 좋아해서 그 분야를 파고드는 걸 '늪'에 빠진다고 표현한대요." 좋아하는 일에 몰두하는 걸 한번 빠지면 좀처럼 벗어날 수 없는 '늪'에 비유하다니 재밌다고 생각했다. 알면 알수록 더 예쁘고, 더 품질 좋고, 더 특이한 것들을 발견하게 되면서 그 분야에 서서히 빠져드는 모습을 참 절묘하게 표현하지 않았는가.

예컨대 사진을 찍는 사람은 독일에서 생산된 고급 카메라 라이카를 알게 되면서 라이카의 매력에 빠져든다. 라이카는 세계적인 저널리스트가 애호하는 브랜드로 상당히 고가의 제품이다. 비싸지만 그만큼 멋진 사진을 얻을 수 있어 소장 욕구를 자극한다. 가격 때문에 망설이다 결국 라이카 카메라를 구입하면 그다음엔 단렌즈, 줌렌즈, 망원렌즈, 광각렌즈 등 때에 따라 골라 사용할 수 있는 다양한 렌즈를 사 모은다. 그리고 그다음엔 플래시, 삼각대, 카메라 가방 등 부품으로 눈을 돌린다. 이를 '라이카의 늪'이라 부른다.

만년필을 좋아하는 사람은 보급형 만년필부터 고급형 만년필까지 다양한 만년필을 섭렵하다 점점 펜 본체뿐 아니라 종이와 잉크의 세계로까지 나아간다. 만년필 잉크 색상은 놀랄 정도로 다양하다. 그래서 이 '잉크 늪'에 빠진 사람은 색깔별로, 브랜드별로 잉크를 모은다. 매일매일 사용해도 평생 다 쓰지 못할 만큼 많은 양을 어느새 사들이고 만다. '대체 어디까지 갈 것인가' 싶은 두려움이 몰려오지만 빠져나올 수 없는 매력에 사로잡힌다. 늪에 빠진 사람을 '늪의 주인'이라고 말한다는데 이 또한 재미있는 표현이다.

나도 과거에는 이런저런 늪에 빠지곤 했다. 다만 나는 하나의 늪에 빠져 줄곧 잠겨드는 유형이 아니라 단기집중형이었다. 어떤 시기에 급속히 빠져들어 가다 어느 정도 시간이 지나면 관심이 다른 대상으로 옮겨갔다. 이런 유형이었기에 지금껏 늪에서 빠져나오지 못한 적은 없다.

하나의 늪에만 너무 깊이 침잠해 있으면 주위가 보이지 않는다. 온몸이 잠겨들어 주변을 둘러볼 수 없을뿐더러 내가 어디까지 가라앉고 있는지도 느끼지 못한다. '조금 더, 조금 더 가도 되겠지' 하는 마음에 객관성을 잃고 만다. 수입은 빤한데 소비를 멈추지 못한다면 이는 파멸로 가는 지름길에 발을 들인 것과 같다.

늪을 즐기는 어른스러운 자세는 절제해서 알맞게 조절하는 것이다. 인생을 더욱 풍요롭게, 즐겁게 살기 위해 하는 일이니만큼 끝없는 늪에 빠져드는 것만은 피해야 한다. 설레는 마음보다 불안함이 커진다면 주의하자.

33

꼰대가 될 것인가, 대가가 될 것인가?

"지금 이건 힘든 것도 아니야. 내가 젊었을 땐 더했으면 더했지 덜하진 않았거든. 요즘 젊은 애들은 끈기가 없어, 끈기가."

이런 말을 입에 달고 사는 사람이 있다. 내 고생만 고생이라고, 내가 더 열심히 살았다고 으스대고 싶은 모양이지만 '꼰대'로 여겨질 뿐이다. 50세 정도가 되면 인간으로서 원숙해질 시기다. 자신의 자리에서 열심히 노력하며 고군분투하는 후배를 진심으로 응원할 수 있어야, 그런 도량을 갖춰야 진짜 어른이다. 하지만 주위를 둘러보면 넓은 품을 가진 진짜 어른을 만나기가 쉽지만은 않다.

그렇다면 꼰대에서 벗어나기 위해, 그릇이 큰 어른이 되기 위해 어떻게 해야 할까?

먼저 자신이 서 있는 위치를 확인한다. 어쩌면 젊은이를 진심으로 인정하지 못하고 질투하는 이유는 경쟁하고 승패를 결정하는 생활에 익숙해져 있기 때문일지 모른다. 내가 설 자리는 점점 좁아지는데 젊고 똑똑하고 유능한 후배가 치고 올라오면 여유는 사라지고 마음은 불안으로 가득 차기 마련이다. 하지만 50이 넘어가면 경쟁과 승패가 행복을 좌우하는 무대 위에서 슬슬 내려오기 시작한다. 치열한 싸움터는 후배들에게 물려주고 우리는 무대 아래로 내려와 진정 내가 원하는 삶, 내가 행복한 삶을 찾아 떠나면 그만이다.

둘째, 자기중심적 사고에서 벗어난다. 내 말만 맞다는 생각, 내가 살아온 방식만 옳다는 생각에 빠져 있으면 타인을 인정하지 못한다. 내가 모르는 다른 세계가 존재한다는 사실을, 내 말이 틀릴 수 있다는 사실을 받아들이고 사고의 폭을 넓혀야 한다.

셋째, 스스로를 업그레이드시킨다. 최고의 자리에 오른 이른바 '대가'들은 자신의 자리를 위협하는 경쟁자가 나타나더라도 상대를 무시하거나 깎아내리지 않고 그들의 실력을 인정한다. 그리고 여기서 한 발 더 나아가 상대의 나이가 많든 적든 배우기를 마다치 않는다. '나는 이제 알 만큼 안다. 더 이상 배울 게 없다'는 오만에 빠지지 않고 끊임없이 실력을 키우기 위해 겸

손한 자세로 어린 후배에게도 배움을 청한다.

질투하고 무시하고 깎아내리기는 쉽다. 하지만 타인의 재능을 인정하고 거기에 자극받아 자신을 갈고닦는 건 더 많은 시간과 노력을 쏟아야 하는 어려운 일이다. 어렵지만 하고 나면 한 단계 성장할 수 있는 일인 것이다. 이것이 바로 꼰대와 대가의 차이다.

당신은 어떤 사람인가? 열등감에 사로잡혀 어린 사람을 질투하고 비난하는 사람인가? 아니면 하나라도 더 배워 자신을 업그레이드시키겠다고 결심한 사람인가?

나보다 뛰어난 후배를 순순히 인정하고 칭찬할 수 있는가?
주변에 재능 있는 후배가 있다면
그의 장점, 그에게 배울 점 등을 생각해보자.

34

‘너는 너, 나는 나’라고 생각할 수 있는가?

좋든 싫든 인간은 누구나 타인과 비교하며 살 수밖에 없다. 누가 몇 평짜리 집을 장만했다느니, 누가 사업에 성공했다느니, 누구 자식이 공부를 잘해 좋은 대학에 들어갔다느니, 큰일부터 작은 일까지 비교하고 우열을 정하려 든다. 하지만 50대가 되면 동료 중 누군가가 먼저 승진했다, 어떤 직책에 올랐다 같은 경쟁은 슬슬 일단락된다. 자기 사업을 꾸려간다든지, “난 임원이 되고 결국엔 사장이 되고 말 거야”라고 목표한 사람은 여전히 경쟁 속에서 살아가겠지만 그렇지 않은 대부분의 사람은 경쟁의식이나 질투심을 털어버리고 편안한 삶 속으로 들어선다.

공자는 "마흔이 되면 흔들림이 없고(불혹〔不惑〕), 50이 되면 하늘의 뜻을 안다(지천명〔知天命〕)"고 말했다. 흔들리지 않는다는 말에는 이제 타인과 비교해 마음이 흔들리는 일은 없다는 뜻도 내포되어 있을 것이다. 그리고 나이 50이 되면 천명을, 즉 하늘의 뜻을 자각한다.

남과 비교하고 부러워하거나 시기하는 감정이 반드시 나쁘다고만은 할 수 없다. 그런 감정이 '좋아! 나도 할 수 있어!' 하고 의욕에 불을 지펴 발전적인 방향으로 이끌기도 한다. 그러나 40대가 넘으면 타인과 경쟁하며 사는 것이, 그렇게 늘 쫓기듯 사는 것이 과연 행복한 일일까 의문이 생기는 것 또한 사실이다. 앞으로 남은 인생 후반을 어떻게 살 것인가. 즉 무엇을 추구하며 살고 싶은가. 자신이 목표로 삼을 일의 범위가 점차 좁아지고 마음의 중심이 잡히면서 삶이 점점 안정되고 편안해진다. '너는 너, 나는 나'라는 마음이 강해져 질투심도 흔적을 감춘다.

아인슈타인은 이렇게 말했다.

> "나는 이제 머리 좋은 사람들이 벌이는 경쟁에 참가하지 않아도 된다. 이 경쟁에 참가하는 건 돈과 권력을 좇는 욕망만큼 나쁘고 두려운 형태의 노예제라고 줄곧 생각해왔다."

아인슈타인은 명성에 얽힌 경쟁을 좋아하지 않았던 모양이다. 이제 더 이상 경쟁에 신경 쓰지 않아도 된다는 데 안도했다고 쓰여 있다.

경쟁이라는 치열한 무대 위에서 내려오면 홀가분하지 않을까. 무대 아래에는 더 평온하고 행복하고 풍요로운 세계가 기다리고 있을지 모른다.

순간순간 다른 누군가와 비교하며 살고 있는가?
내가 누구와 무엇을 비교하고 있는지 적어보자.

35

'하지만', '그게 아니라', '내가 어릴 때는'처럼 꼰대 같은 말을 입에 달고 살진 않는가?

사람들, 특히 한 살이라도 어린 사람들과 대화할 때면 "하지만", "그게 아니라", "내가 어릴 때는"이라는 말을 입버릇처럼 사용하는 사람이 있다. 정작 본인은 의식하지 못하는 경우가 많지만 이는 전형적인 꼰대 말투다.

요즘 많은 50대가 젊은 사람들과 대화하기를 어려워한다. 가만히 듣고 있자니 답답하고, 한마디 보태자니 꼰대 취급받기 십상이라 대화 자리를 아예 피해버리는 것이다. 마음은 편할지 모르지만 새로운 문화를 접할 기회, 새로운 기운을 받아들일 기회를 스스로 차버리는 꼴이라 안타깝다.

세대가 다르므로, 자라온 환경과 문화가 다르므로 서로를 이해하고 받아들이는 데 시간이 드는 게 당연하다. 내 상식으로 상대를 이해할 수 없는 것 역시 당연한 일이다. 하지만 내가 이해할 수 없다고, 나와 다르다고 내가 이해할 수 있도록, 나처럼 행동해야 한다고 강요하는 것은 꼰대의 행태다. 다름을 인정하고 상대를 이해하려 노력하는 유연한 사고가 나이를 먹으면서 더욱 필요한 이유다.

말버릇은 사고에 영향을 미친다. 50년이 넘는 세월 동안 차곡차곡 쌓여 굳어져온 사고를 단번에 변화시키기 어렵다면 우선 말버릇부터 고쳐보자. "하지만", "그게 아니라", "내가 어릴 때는"을 빼고도 대화는 얼마든지 이어질 수 있을 테니.

나는 어떤 말버릇을 가지고 있는가?
자주 사용하는 말을 적어보자.

36

커뮤니케이션 능력을 기르고 있는가?

나는 일과 관련된 사람들을 만나 미팅을 가질 때 가끔 호텔 커피숍을 이용한다. 그럴 경우 열에 아홉은 옆 테이블에서 주고받는 시끄러운 이야기 소리 때문에 마주 앉은 사람의 목소리를 잘 듣지 못한다. 많은 사람이 여자가 모이면 시끄럽고 남자가 모이면 조용하다고들 하지만 꼭 그렇지만도 않다. 내가 경험한 바로는 남성이든 여성이든 모여서 끊임없이 이야기 나누는 건 똑같다. 처음에는 '무슨 할 이야기가 저렇게 많나' 싶어 짜증이 났지만 지금은 그렇게만 생각하진 않는다.

대화가 거의 없는 집단과 떠들썩한 집단 중 어느 집단의 뇌가 활성화되기 쉬울까. 공 하나를 다섯 명이 주고받는 장면과 여러 개의 공이 동시에 날아다니는 장면을 비교해보면, 역시 복잡하고 재미있는 쪽은 후자일 것이다.

체력이 떨어지고 몸으로 하는 일이 점점 힘겨워지는 후반생에는 그동안 자신이 쌓아온 경험과 지식을 나누는 이런 잡담의 시간이 더욱더 중요해질 것이다. 쓸데없는 말을 많이 하지 않는 것이 미덕인 시대도 있었으나 사회생활의 기회가 줄어들고 고립되기 쉬워지는 50대 이후에는 커뮤니케이션 능력을 키우는 데에도 잡담 시간이 중요하게 작용한다. 사람들과 더불어 정답게 이야기 나누며 웃고 우는 시간……. 이런 시간이 많아질수록 우리가 누릴 수 있는 행복 역시 늘어나지 않겠는가.

타인과 오랫동안 즐겁게 이야기할 수 있는 비결은 무엇인가?

37

갑질하는 괴물로
변하고 있지 않은가?

클레임을 잘 거는 사람이 있다. 물론 제대로 된 서비스를 받지 못했을 경우 클레임을 걸어야 하지만 막무가내로 행동하는 사람이 있어 문제가 된다. 합리적으로 판단하지 못하고 '손님인 나를 무시한다', '성의가 없다'며 싸움을 건다. 이런 상황이 벌어지는 이유는 부정적인 감정을 잘 다스리지 못하기 때문이다. 열등감을 비롯한 나쁜 감정이 쌓여 스트레스가 심하다. 하지만 고립되어 있어 이야기를 나눌 상대가 없다. 억압돼 있던 감정이 급기야 자신보다 약한 입장에 놓인 사람을 향하고 만다. 고객은 상품과 서비스를 제공하는 사람보다 더 큰 힘을 가지고 있다. 더구나 서비스 제공자가 자신보다 젊다면 강한 어조로 말하기 쉽다. 내면에 쌓인 불만과 분노를 자신보다 약하다고 생각하는 사람에게 발산하려는 의도라 볼 수 있다.

중얼중얼 부정적인 혼잣말을 내뱉는 사람, 길거리에서 큰 소리로 소리 지르는 사람, 무턱대고 반말부터 하는 사람도 마찬가지다. 억압된 감정을 분출하는 방식이 다를 뿐 심리적인 상태는 거의 같다.

만약 내가 이런 상황에 처한다면 어떻게 해야 좋을까. 내 안에 존재하는 부정적인 감정을 쭉 꺼내놓고 하나하나 들여다보며 그 감정이 어디서 비롯되었는지 꼼꼼하게 살펴보라. 이렇게 나를 돌아보려면 자신의 모습과 상황을 있는 그대로 받아들여야 한다. '나는 열등감 같은 거 없는 사람이야'라고 회피하지 말고 '나는 분명히 열등감을 갖고 있어. 이건 어디서 온 걸까?' 곰곰이 따져보며 감정과 어떻게 타협할 것인지 고민해야 한다.

부정적인 감정은 그것의 정체를 알아차리는 것만으로도, 그것이 존재한다는 사실을 인정하는 것만으로도 크게 줄일 수 있다. 그다음 자기긍정감을 높일 수 있는 보람찬 일을 찾아본다거나 울고 웃으며 갇힌 감정을 흘려보내는 방법을 활용해보면 좋을 것이다.

타인과 어울리지 않고 스스로를 고립시키면 이야기 상대가 없어질 뿐 아니라 내 모습을 객관적으로 보지 못하게 된다. 클레임을 걸고 있는 내 모습이 타인에게 어떻게 보이는지조차 모르게 되고 만다. 나이가 많든 적든 인간은 사회 속에 있어야 인간인 것이다.

지금 내 가슴속에 어떤 감정이 존재하고 있는가?
하나씩 꺼내 적어보자.

38

적당한 유머 감각을 유지하고 있는가?

'웃음'의 본질은 상식을 뒤엎어 '부수고' '쓰러뜨리는' 데 있다. 파안대소, 포복절도라는 말에서도 알 수 있듯이 크게 웃는다는 것은 얼굴 표정을 망가뜨리고 배를 움켜쥘 정도로 마음껏 웃는 행위다.

무슨 일이든 너무 진지하게 마주하면 숨이 막힌다. 여유가 사라지고 막다른 궁지에 몰리고 만다. 따라서 웃는 행위는 여유롭고 재미있고 행복하게 살기 위해 인간이 예로부터 지녀온 지혜인 셈이다. 더불어 자주 웃으면 실제로 면역력이 높아져 몸이 건강해진다. 그러니 인생 후반을 건강하고 지혜롭게 살아가려면 웃음이 반드시 필요하다. 특히 '웃어넘기는' 감각은 매우 중요하다.

앞서 언급한 아야노코지 기미마로의 독설 만담은 중장년 세대를 조롱하는 소재로 채워져 있다. 그런데 바로 그 조롱의 대상인 중장년층에게 가장 인기가 높다. 모두 “맞아, 맞아”, “그럴 때 있어” 공감할 만한 부분을 콕 찍어 비애의 요소를 웃음으로 전환하기 때문이다.

“아무것도 필요 없어. 당신만 있으면. 그로부터 40년. 뭐든지 갖고 싶어. 당신만 빼고.”

이런 만담을 듣고 함께 웃으려면 바탕에 깔린 상식적인 감각을 공유하고 있어야 한다. 이야기의 배경을 알지 못하면, 무엇을 비튼 것인지, 무엇을 흉내 낸 것인지 알지 못하면 웃을 수가 없다.

매사에 진지한 태도로 임하며 농담을 들어도 ‘다큐’로 받아들이는 사람이 있다. 이런 사람들은 내면이 경직되어 여러 사람을 포용할 여유를 가질 수 없을 뿐 아니라 사회에서도 사람들과 부드럽게 어울리지 못해 점차 고립될 가능성이 높아진다.

농담 속에 담긴 해학의 의미를 받아들이고 반전의 재미를 함께 즐기면 마음이 후련하고 상쾌해진다. 자신을 가두고 있던 상식의 껍질을 깨고 나와 즐길 수 있게 되면서 폐쇄된 사고를 뚫고 나가는 감각이 생겨난다.

유머는 힘든 삶을 잠시나마 잊게 해주는 해독제요, 다시 살아갈 힘을 주는 강장제와도 같다. 따라서 50세 이후에는 이런 저런 근심거리를 웃어넘기는 감각, 농담의 감각을 반드시 갖추는 것이 좋다.

요즘 근래 가장 크게 웃었던 일을 떠올려보자.

39

상식이 깨지는 경험을 해보았는가?

여행을 자주 떠나는 편인가? 여가 시간이 생기면 집에서 편하게 보내는 편인가?

예전엔 많은 사람이 50대 이후의 여가를 후자처럼 편하게 쉬는 시간 정도로 생각했다면 요즘은 그동안 미뤄두었던 일에 도전해보는 시간으로 생각하는 경향이 강해졌다. '시간은 있지만 돈이 없었던 20대와 돈은 있지만 시간이 없던 3, 40대를 지나 이제 돈도, 시간도 어느 정도 여유가 생긴 50대에 이르렀다. 한 살이라도 더 어릴 때, 그나마 체력이 남아 있을 때 한 곳이라도 더 다녀오자'라는 게 지금의 50대를 지배하는 생각인 듯하다.

여행은 낯선 문화, 낯선 세계 속으로 들어가는 일이자 내가 속해 있는 세상에서 벗어나 더 넓은 세상으로 나아가는 일이다. 생각지도 못했던 일, 상상을 뛰어넘는 물건을 보고 듣고 만져보는 시간이다. 따라서 사고가 경직되기 쉬운 50대부터는 몸과 마음에 유연성을 더해주는 여행이 그 무엇보다 중요해지는 것이다.

다른 문화를 접해보기 전에는 내가 속한 문화가 너무나 당연해 그것이 기준이요, 상식이라고 생각한다. 아주 쉽고 간단한 예를 들어보자. 시즈오카 출신인 나는 오뎅(가다랑어포와 다시마로 우린 국물에 다양한 종류의 어묵과 곤약, 무, 삶은 달걀 등을 넣어 끓인 요리 – 옮긴이)에는 당연히 검은 한펜(다진 생선 살에 간 참마를 비롯한 부재료를 섞어서 만든 음식. 주로 흰색이다 – 옮긴이)이 들어간다고 생각했다. 그런데 도쿄에서는 흰색 한펜을 넣어 먹는다는 사실을 알고는 매우 놀란 적이 있다.

사람을 만나는 일 역시 이와 비슷하지 않을까? 한 사람과 한 사람이 만나는 일은 전혀 다른 상식과 상식이 충돌하는 것과 같지 않을까?

나는 직업 특성상 젊은 사람을 많이 만난다. 그들의 생기발랄함과 신선한 아이디어, 번뜩이는 재치에 감탄하는 한편 어떨 땐 그들의 돌출 발언이나 행동이 불편하게 느껴지곤 했다. 어쨌든 우리 세대는 남들처럼 행동하는 게 미덕인 시대를 살아왔다. 남들처럼 사는 게, 남들만큼 사는 게 목표인 시대, 앞만 보며 열심히 달려가는 사람들 틈바구니에 끼어 나도 뒤처지지 않기 위해 열심히 달리는 게 전부였던 시대를 건너왔다. 그래서 남들처럼 살지 않는 사람, 튀는 사람, 개성이 강한 사람을 불편해하게 되었는지 모른다.

하지만 자주 접하다 보면 낯선 문화에 익숙해지듯이 사람과도 자주 만나다 보면 그들에게 익숙해지고 그들을 더욱 깊이 이해할 수 있게 된다. 이해하면 보이지 않던 장점이 보이고, 장점을 발견하면 애정을 품는 단계로까지 나아간다.

이제 나는 더 이상 개성이 강한 사람을 불편해하지 않는다. 오히려 그 사람만이 지닌 정취에 더욱 매력을 느낀다. 어느새 시간이 흐르며 한 사람, 한 사람의 개성을 인정하고 받아들일 수 있는 자세를 갖추게 된 것이다.

지금까지 상식이라 생각해왔던 일들이 실은 당연한 게 아니었다는 것을 깨달으면 감각이 날카롭게 깨어난다. 그리고 날카로워진 감각이 새로운 세계로 향하는 문을 열어준다. 낯선 장소나 새로운 사람은 나를 두렵게 하는 존재, 나를 불편하게 하려는 무엇이 아니다. 내 세계를 한층 더 넓혀줄 무엇, 나를 더 살아 있게 할 무엇이다. 그런 감각을 가져보자.

최근에 내 고정관념을 깨주는 사건이나 사람을 만나보았는가?
그 이전과 이후 나는 어떻게 달라졌는가?

40

품격 있는 언어를 사용하고 있는가?

나이가 들면서 하이쿠(俳句), 단카(短歌), 센류(川柳) 같은 일본의 전통 시와 친해지면 좋다. 요즘은 초등학생부터 초고령자까지 시를 즐기는 사람이 많이 늘어나고 있다. 직장인들을 대상으로 사회를 풍자하는 블랙 유머를 모집하는 대회나 전통시 경연 대회도 꾸준히 인기를 끌고 있다.

하이쿠, 단카, 센류는 모두 17음 또는 31음으로 엮어내는 '정형시'다. 전 세계를 뒤져봐도 이렇게 짧은 단어로 시를 짓는 문화는 별로 찾아볼 수 없다. 일본만의 특색 있는 전통이다. 이 짧은 시 안에 실제 정경이 눈앞에 떠오르는 듯한 표현을 넣거나 자신의 감정을 세심하게 싣는다. 역시 '시'이므로 일상적인 언어와는 다른 독특한 맛을 지닌 언어를 찾아내 넣어야 한다. 뛰어난 구절과 운율을 만나면 언어 감각의 깊은 맛에 빠져든다. 온갖 사물과 세상을 지그시 바라보고 깊이 사색하게 된다.

인간 그만두고 / 다른 것이 된다면 / 겨울 때까치

—가토 슈손

겨울 두붓국 / 생명의 마지막이 / 희미하게 빛나네

—구보타 만타로

인간을 그만둔다는 말이 가슴을 조마조마하게 만든다. 따끈한 두붓국에 빗대어 인생의 심연을 노래하는 발상도 대단하다. 이 시 말고도 나는 부부 시인인 나가타 가즈히로와 고 가와노 유코가 쓴 시 역시 무척 좋아한다.

하루가 지나면 / 하루가 줄어간다 / 너와의 시간 / 이제 곧 하지다.

—나가타 가즈히로

암으로 쓰러진 아내를 시로 읊는다. 아내인 가와노는 임종을 앞두고 이런 시를 노래했다.

손을 뻗어 / 당신에게 닿고 싶지만 / 숨이 모자라 / 이 세상 숨이

—가와노 유코

시를 즐기는 일은 하루하루의 생활 속에서 깨달음을 얻고, 그 깨달음을 적절히 골라 담을 단어를 찾아내는 일이다. 나이가 들수록 어떤 말을, 어떤 어휘를 사용하느냐가 중요해진다. 언어의 격이 그 사람의 격을 나타낸다는 말도 있지 않은가. 따라서 우리는 평소에 사용하는 손때 묻은 말들을 골라 깨끗이 다듬어야 한다. 명언과 명시를 맛봄으로써 어휘력이 높아지는 것은 물론 감각 세계 또한 넓어질 것이다.

내가 좋아하는 말은 무엇인가?

잠깐 쉬어 가기⑤

자세히 알아야 즐겁다

가만히 생각해보면 하이쿠나 단카를 짓는 사람이 의외로 많다는 것을 알 수 있다. 신문에는 하이쿠와 단카 투고란이 있고 그곳에는 반드시 매주 이런 전통 시가 게재된다. TV와 라디오에서도 자주 전통 시를 모집하고, 자치단체라든가 무슨 무슨 협회가 전통 시 경연을 개최하기도 한다. 나는 교육방송에서 하는 「NHK 단카」라는 프로그램에 게스트로 출연한 적이 있다. 일반인이 쓴 시라 별로 기대하지 않았는데 전국 방방곡곡에서 보내온 시가 대부분 무척 깊이 있고 수준이 높아 놀랐다. 시와 관련된 모임에 소속된 사람도 있을 테고 혼자 자기만의 방식으로 시를 짓는 사람도 있겠지만 본격적으로 시를 즐기는 인구를 조사해보면 생각보다 매우 많을 것이다.

마이니치 방송의 「프레셔 배틀(pressure battle)」이라는 프로그램 중 특히 인기가 높은 게 바로 하이쿠 코너다. 배우나 개그

맨 중에서도 시를 무척 잘 짓는 사람이 많아 자주 감탄하곤 하는데 "와아, 진짜 잘 짓네!" 할 때마다 나도 모르게 수첩에 메모해둔다.

강사로 출연하는 하이쿠 시인 나쓰이 이쓰키 선생의 첨삭 또한 재미있다. 직설적인 말투로 깐깐하게 평가하는데, 나쓰이 선생의 지적을 받아 수정하고 다듬으면 평범한 시 구절이 몰라보게 달라진다. 전문가의 손길은 역시 대단하다고 새삼 느끼며 무언가를 시작할 땐 좋은 안내인이 있어야 한다는 사실을 실감한다.

그 방송을 보며 하이쿠를 읊어보고 싶다는 욕구가 생겨 실제로 배우기 시작한 사람도 있을 것이다. 시를 막 배우기 시작한 사람은 무슨 일을 하든, 무엇을 보든 항상 머릿속에서 좋은 문구를 짜내느라 바쁘다고 한다. 시를 쓰는 사람들은 짧은 글귀에 자신의 에너지를 온통 쏟아붓는다. 두뇌를 사용하며 시간을 보내기 때문에 돈도 들지 않는다.

일본인은 7음과 5음이 순서대로 반복되는 칠오조 형식에 익숙해 있어 이 리듬에 편안함을 느낀다. 같은 운율을 지녔더라도 하이쿠, 단카, 센류는 각각 세계관이 다르다. 다양하게 도전해보면 어떤 표현 형태가 자신에게 더 잘 맞는지 알 수 있을 것이다. 더불어 직접 창작을 해보면 그 분야에서 인정받는 사람들의 작품이 얼마나 훌륭한지 알게 된다. 세세한 부분까지도 볼 수 있는 안목이 생기면 즐거움이 더욱 커질 것이다.

41

이 나이가 되어 다시 배워보고 싶은 것이 있는가?

다시 배운다는 뜻을 가진 말 '리커런트(recurrent)'가 화제가 되고 있다. 다시 공부하고 싶어 하는 어른들을 위한 책이 출간되어 상당히 인기를 끄는 모양이다. 고교 교과서 내용을 새롭게 정리한 책이 많이 팔리고 있고, 이와 비슷한 기획으로 야마카와 출판사에서 발행한 『다시 한 번 읽다(もう一度読む)』 시리즈가 인기를 얻고 있다. 그중에서도 역사, 세계사, 지리 관련 도서의 인기가 높다.

다시 공부를 시작한 사람들은 대부분 누가 시켜서가 아닌, 자발적으로 찾아서 배워나가기 때문에 지금 하는 공부가 더 재미있다고 말한다. 중·고등학생 시절에는 너무 어려워 고문

(古文)을 좋아하지 않았지만 지금 다시 차분히 읽어보니 저절로 이해가 된다. 당시에 이해했던 내용일지라도 '아, 이런 뜻도 있었구나!' 하고 새삼 새롭게 깨닫는다. 학교를 졸업하고 몇십 년이 지난 뒤 다시 해보니 공부가 의외로 재미있다는 사실도 알게 된다. 그동안 쌓은 풍부한 경험과 깊은 지혜, 폭넓은 이해력을 바탕으로 이 나이가 되어서야 비로소 보이고, 비로소 느낄 수 있는 배움의 묘미를 알아간다.

어른이 되면 왜 고전을 다시 읽어보고 싶어지는 걸까. 어른의 시각으로 인생을, 인간을 다시 한 번 성찰해보고 싶다는 욕망 때문이기도 하지만 기본적으로 이전에 한번 읽어본 적이 있기 때문에, 터를 다지고 씨앗을 뿌린 적이 있기 때문에 다시 펼쳐보고 싶어지는 것이다. 어린 시절엔 억지로 책을 펼쳤을지 모르나 그렇게라도 기본 소양이 쌓여 있기에 다시 배우고 싶다는 마음이 움트는 것이다. 조금 알고 있던 사실에서 새로운 깨달음을 얻는 순간 뇌 속에 번쩍 밝은 등불이 켜지는 느낌, 시야가 확 확장되는 감각이 나타난다. 자발적으로 새로운 지식과 지혜를 얻었다는 충족감을 느낀다. 이 배움을 위해 어린 시절에 몸을 배배 꼬며 씨를 뿌렸던 것은 아닐까 하고 생각하면 공부가 지닌 의미를 이해할 수 있을 것 같다.

'다시 새로 시작한다'는 이 매혹적인 문을 여는 즐거움에 관해선 3장에서 더 자세히 이야기하겠다.

다시 공부한다면 무엇을 배워보고 싶은가?

42

속도를 늦추는 연습을 하고 있는가?

40대까지는 '속도'를 중시하는 일이 많았다. 무슨 일이든 빨리 빨리 끝내고, 남들보다 빨리 성공하기 위해 쉼 없이 달려왔다. 이제는 슬슬 속도를 줄이고 시간에 쫓기는 감각에서 벗어나야 할 때다.

자신이 좋아하는 음악이 은은히 흐르는 분위기 좋은 카페에 앉아 느긋하게 차나 커피를 마셔보자. 스마트폰을 만지작거리며 SNS만 들여다볼 게 아니라 책을 읽기도 하고, 바삐 길을 오가는 사람을, 계절에 따라 변하는 주변 풍경을 눈에 담아보는 것이다.

집 안 혹은 자신만의 공간에 혼자 틀어박혀 있지 말고 말소리가 적당히 들리고 사람들의 움직임도 시야에 들어오는 곳으로 나가보자. '나'라는 개인의 존재를 강하게 의식하는 데는 그편이 훨씬 좋다. 여행을 하더라도 여기저기 바쁘게 돌아다니는 메뚜기 여행 대신 여유롭게 그 지역을 천천히 돌아보고 풍경을 느끼는 달팽이 여행을 해보라.

책을 읽을 때도 빨리빨리 읽으며 필요한 정보만 쏙쏙 뽑아내는 속독이 아닌, 천천히 내용을 음미하며 읽는 정독을 해보면 또 다른 재미를 느낄 수 있다. 하루에 몇 쪽씩 읽겠다 목표를 정해두고 매일 신문 연재소설 읽는 느낌으로 책을 즐겨보자. 나는 장편소설을 읽을 때 이 방법을 자주 사용한다. 뒤 내용이 궁금해서 서둘러 읽고 싶지만 꾹 참고 매일 조금씩 읽어나간다. 이렇게 의식적으로 책 속에 머무는 시간을 늘린다. 며칠 만에 후딱 읽으면 즐거움이 금세 끝나버리고 만다. 너무 허무하고 아쉬우니까 한 달, 두 달에 걸쳐 차근차근 음미하며 오래도록 즐거움 속에 몸을 담근다.

물론 효율적으로 정보를 얻어내는 속독도 필요하다. 하지만 정독은 책이 내 안에 스며드는 느낌이 있어 좋다. 책이 건네는 이야기에 귀 기울이며, 책이 내뱉는 숨을 들이마시는 느낌, 그래서 그것과 내가 온전히 하나가 되는 즐거움이 있다. 지식을 뽐내기 위해, 경쟁에서 승리하기 위해, 나를 더 발전시키기 위해 목적의식을 갖고 읽는 것이 아니라 온전히 책의 매력 속에 빠져드는 기쁨. 이런 묘미를 즐기는 여유 또한 후반생이기에 맛볼 수 있는 행복 중 하나다.

지금까지 읽어야지, 읽어야지 생각만 하고 좀처럼 집어 들지 못했던 책을 오늘 바로 꺼내 보면 어떨까.

지금 내 삶의 속도는 빠르기가 어느 정도일까?
속도에 끌려가고 있는가 내가 속도를 조절하고 있는가?

43

무료함을 달래줄 '친구'가 있는가?

나는 나중에 여유가 생기면 읽을 책과 보고 싶은 영화 DVD를 모아두고 있다. 이렇게 모아둔 책과 영화를 다 보려면 대충 계산해도 남은 생만으로는 부족하다. 하지만 즐겁게 보낼 시간이 저렇게나 수북이 쌓여 있다고 생각하면 마음이 든든하다.

사실은 지금 당장 보고 싶은 마음에 책이나 DVD를 구입했지만 일에 쫓겨 좀처럼 집어 들지 못한 채 시간은 점점 흐르고 물건들은 쌓여만 갔다. 처음에는 아직 읽지 못한 책더미가, 구석에서 먼지만 뒤집어쓰고 있는 DVD가 마음을 짓누르는 스트레스였다. 그러다 어느 순간 이것을 '언젠가 읽기 위한 책더미'라고 달리 생각하기로 마음먹었다. 앞으로 내가 느낄 수 있는 즐거움이 이렇게 가득 쌓여 있다고 생각하면 산처럼 높아만 가는 책과 DVD가 무척 사랑스러워 보인다.

더 나아가 이것들은 내가 허전함을 느낄 겨를이 없도록 곁을 지켜주는 '친구'라는 느낌을 준다. "매일매일 무얼 하며 살아야 할지 모르겠다", "뭘 위해 사는지 모르겠다"며 허전한 속마음을 털어놓는 사람들이 있다. 나는 그들에게 나처럼 이런 '친구'를 만들라고 조언한다.

더불어 즐길 거리가 내 남은 생보다 많으면 '더 오래 살아서 저걸 다 즐기고 말 테야'라는 바람이 생겨난다. 앞으로 느낄 즐거움과 기쁨을 위해 '준비 작업'을 한다는 의식을 가져보자. 이걸 해보지 않고 죽는 건 아깝다 싶은 게 무엇이 있는지 여러모로 생각해보기 바란다.

코미디언이자 배우인 나이토 진이 쓴 책 『읽지 않고 죽을쏘냐!(読まずに死ねるか!)』처럼 '이걸 읽지 않고 죽을 수는 없지' 싶은 책이 있는가. 영화는 어떤가. 내 눈으로 직접 보고 싶은 미술 작품이나 현장에서 직접 들어보고 싶은 연주, 내 발로 걸으며 그곳의 공기를 듬뿍 들이마시고 싶은 여행지는 어떤가. 50대부터는 미래의 즐거움을 저축한다는 심정으로 이런 것들을 생각해보면 좋을 것이다.

하고 싶은 일이 많아야 살아갈 의욕도 왕성해진다. 언제까지나 걷고 움직이고 보고 듣고 싶다는 욕망을 가진 사람, 만지고 냄새 맡고 먹고 싶은 것이 넘치게 많은 사람은 살아가는 일에 열과 성을 다할 수 있다.

'이걸 하지 않고 죽을 수는 없지' 싶은 일이 있는가?
있다면 모두 적어보자.

44

'진짜' 즐거움을 얻는 비결을 알고 있는가?

앞에서도 언급했지만 나는 읽고 싶은 책을 잔뜩 쌓아두고 있다. 책을 읽는 속도보다 사는 속도가 빠르다. 그러니 쌓일 수밖에. 이처럼 언젠가 읽을 요량으로 사들인 책을 그냥 쌓아둔 채 방치하지 않으려면 역시 '조금 맛보는' 것이 좋다. 그 책이 어떤 향기를 품고 있는지 살짝 알아두는 것이다. 이것이 바로 내가 꾸준히 책을 읽는 비결이다.

커피든 와인이든 향을 맡고 맛을 본 후 '이거 참 좋은데!'라고 느끼면 또다시 마시고 싶어지지 않은가. 책도 마찬가지여서 아주 조금이라도 그 향취를 접해봐야 책에 대한 기대감이 배가 된다.

프랑스 소설가 마르셀 프루스트가 쓴 『잃어버린 시간을 찾아서』는 명작으로 높은 평가를 받지만 분량이 엄청나 한 번에 다 읽기가 어렵다. 읽지 않고 방치하기에 딱 좋은 작품이다. 그럴 땐 유명한 '홍차와 마들렌' 장면만이라도 읽고 프루스트 작품을 살짝 맛본다. 그러면 언제든 '아, 그 책 좀 읽어볼까?' 하고 책을 집어 들기가 수월해진다. 그 책의 매력이 뭔지 아무것도 모르는 상태에서는 마음이 움직이기 어려워 쉽사리 손이 가지 않는다.

도스토옙스키의 『죄와 벌』이라면 주인공 라스콜니코프가 자신이 저지른 살인죄를 소냐에게 고백하는 장면만이라도 읽어보자. '이것이 도스토옙스키의 세계란 말이지!' 하고 조금 음미한다.

그렇다면 작품을 맛보기 위해 간결하게 정리된 줄거리를 읽는 건 어떨까. 줄거리를 읽으면 그 작품의 정보를 얻을 수는 있지만 저자가 치열하게 고민해 쓴 단어의 힘을 직접 느낄 수 없기 때문에 마음에 울림이 없다. 향과 맛은 직접 체험하지 않으면 주위에서 아무리 생생하게 설명해도 알 수 없다. 짧아도 좋으니 중요한 장면을 직접 읽는 것이 중요하다.

극단적인 일화, 대사 한 줄 아니면 격언 한마디를 알아두기만 해도 좋다. 독일 작가 요한 페터 에커만이 쓴 『괴테와의 대화』에는 괴테의 격언과 명언이 풍성하게 실려 있다.

"사람은 오직 자신이 사랑하는 사람에게서만 배운다"라는 말을 접해보면 이 책을 통해 괴테의 다른 모든 말을 음미할 생각에 즐거운 기대감을 갖게 된다.

진짜 가치, 진짜 향기를 직접 접해보는 것, 이것이 바로 '진짜' 즐거움을 얻는 비결이다. 가짜 연료로는 기계를 움직일 수 없듯이 가짜 즐거움은 우리를 움직이게 할 수 없다. 이런 '진짜' 즐거움이야말로 후반생을 활기차게 살아가도록 하는 '진짜' 힘이 되어줄 것이다.

나는 어떤 방식으로 스스로에게 동기를 부여하는가?

45

문화생활을 즐기고 있는가?

2017년에 도쿄와 오사카에서 네덜란드 화가 피터르 브뤼헐의 '바벨탑전(展)'이 개최되었다. 평소 관심을 갖고 있던 화가라 나도 작품을 감상하러 갔다. 그림의 완성도와 생생함에 충격을 받고 돌아와 그림과 관련된 자료를 찾아 읽어보았다.

이처럼 하나의 지식을 디딤돌 삼아 그와 관련된 다음 지식으로 나아가는 것도 인생의 즐거움을 늘려나가는 좋은 방법이다. 예컨대 바벨탑에 관한 전시를 볼 기회가 생겼다면 『구약성서』를 읽어본다. 바벨탑에 관해 기술한 「창세기」 부분만이라도 상관없다. 조금이라도 배경지식을 안 상태에서 그림을 접하면 전설을 소재로 그린 환상 세계임에도 실로 많은 사람이 탑을 건설하기 위해 일하는 모습에 리얼리티를 느끼게 된다. 『구약성서』의 내용을 알고 보는 편이 모르고 보는 것보다 그림의 매력을 더욱 생생하게 느낄 수 있다.

혹은 『신약성서』를 읽고 바흐의 「마태수난곡」을 들어보라. 활자로 접한 그리스도 수난의 세계관을 중후한 음률로 다시 접할 때 감성에 호소해오는 울림이 완전히 다를 것이다.

「마태수난곡」은 카를 리히터가 지휘하는 뮌헨 바흐 관현악단의 연주 음반이 명음반으로 알려져 있다. 그 음반을 듣고 나서 다른 지휘자의 버전을 들어보면 '지휘자의 해석에 따라 음악이 이렇게나 달라지는구나'를 깨닫게 된다. 이런 경험을 계기로 클래식 음악에 심취하는 사람도 있을 것이다.

일본에서는 그리스도의 수난을 어떻게 바라보고 있는지 궁금하다면 소설가 엔도 슈사쿠의 『침묵』을 읽고 그 뒤에 마틴 스코세이지 감독이 만든 영화판을 보는 것도 좋은 방법이다. 책, 그림, 음악, 영화 등을 다양한 각도에서 복합적으로 맛보는 것이야말로 문화를 풍요롭게 즐기는 비결이다. 설령 그리스도교에 관심이 없다 해도 이렇게 한 묶음으로 다양한 지식을 쌓다 보면 '이걸 모르고 사는 것은 아깝지', '아직까지 이걸 모르고 살았단 말이야?'라는 생각이 절로 들 것이다.

'아, 이건 이렇구나' 하고 그냥 넘어가지 않고 '이건 또 뭘까?' 궁금해하며 하나하나 알아가다 보면 굵고 큰 감자를 캐내듯이 묵직한 지식이 주렁주렁 딸려 나올 것이다. 이렇게 지식이 쌓이고 쌓이면 즐거움이 배가 되고 내면의 세계 또한 넓어질 것이다.

한 달 동안 문화생활을 얼마나 즐겼는지 꼽아보자.
한 번도 없다면 계획을 짜보자.

46

일없이 찾아오는 고독을 현명하게 물리치고 있는가?

나이가 들수록 '혼자가 편해', '이제는 누구한테 맞춰주며 살기 싫어'라고 생각하는 사람이 늘어난다. 하지만 이런 생각이 굳어져 혼자 지내다 보면 금방 고독해진다. 이럴 땐 간단하더라도 타인과 호흡을 맞춰 하는 일을 찾아보는 것이 좋다.

타인과 호흡을 맞추는 일은 편안함, 든든함, 즐거움을 준다. 가령 실력 있는 사람과 테니스를 치면 오랫동안 끊이지 않고 공을 주고받을 수 있다. 잘 치는 사람은 상대가 받아치기 쉬운 지점으로 공을 보내며 호흡을 맞춰주기 때문이다.

합창이나 합주를 할 때도 단지 노래 부르고 연주만 하는 게 아니라 타인이 내는 목소리, 악기 소리 등을 들으며 조화를 이루어야 쾌감이 증폭된다. 춤이 즐거운 이유도 함께 어울려 몸을 움직이기 때문이다. 사교댄스도 힙합댄스도 전통 민속춤도 함께 춰야 즐겁다.

아티스트의 공연을 보러 갔을 때에도 리듬에 맞춰 함께 몸을 흔들고 박수 치고 노래 부르면 일체감이 생겨나 열기가 점점 더 고조된다. 호흡을 맞춰 다른 사람과 조화를 이루며 무리 안에 섞일 때 사람은 비교적 행복을 느끼기 쉬운 법이다.

사소해 보이지만 마사지나 지압을 받을 때도 호흡은 매우 중요하다. 마사지 받는 사람이 호흡을 멈추면 근육이 풀리지 않아 안마를 할 수가 없다. 반대로 마사지하는 사람이 상대의 호흡 리듬을 무시하고 일방적으로 꽉꽉 누르면 받는 사람이 상쾌해질 수가 없다.

해주는 사람과 받는 사람, 두 사람의 호흡이 잘 맞으면 굳이 세게 누르지 않아도 정확한 지점을 찾아 깔끔하게 근육을 풀 수 있다. 손이 몸을 누르는 건지 아니면 몸이 손에 맞춰주는 건지조차 알 수 없는 상태에 이르고 그러면 서로 기분 좋게 호흡이 맞아 딱딱한 몸 근육이 부드럽게 풀린다.

'나이가 들수록 타인과 소통하며 살아야 한다', '소통 능력을 키워야 한다'고 머리로만 생각하지 말고 신체의 감각으로 조화를 의식해보자. 이 또한 인생 후반에 명심하면 좋은 한 가지 키워드다. 우선은 누군가와 호흡을 맞춰 할 수 있는 활동을 무엇이든 시작해보자. 고립감과 고독감에서 해방되는 쾌감을 느낄 수 있을 것이다.

고립감에서 벗어나려면 어떻게 해야 할까?
나는 무엇을 하고 있는가?

47

쓸쓸함을 극복할 힘이 있는가?

자녀들이 다 자라 독립하거나 더 이상 내 손을 필요로 하지 않게 되면 부모는 쓸쓸한 기분을 느낀다. 평생 몸 바쳐 일해왔던 직장에서도 정년퇴직하거나 임금피크제로 전환하면 자신의 위상이 달라졌다는 느낌에 일말의 허무감을 느낄 수 있다. 이런 가운데 '내가 돌보지 않으면 안 돼'라고 생각할 일이나 그런 대상이 있으면 의외로 자신을 매우 단단하게 지탱해주는 힘이 된다.

돌보는 일은 무언가에 에너지를 쏟는 활동이고 커다란 보람을 가져다주는 행위다. '성가시지만 내버려 둘 수 없다', '이건 내가 아니면 할 수 없다'고 생각하는 일이 있으면 사람은 행복감을 느낀다. 따라서 인생 후반에는 그런 일이나 대상을 찾아야 한다.

반려동물을 돌보며 살아가는 의욕을 느끼는 사람도 있다. 정원이나 텃밭을 가꾸면서 자신이 돌본 식물들이 싱싱하게 기운을 차리고 아름다운 꽃을 피우는 모습을 보며 활기찬 에너지를 온몸으로 받아들이기도 한다.

자녀 양육은 인류가 오랜 세월 이어온 아주 중요한 행위이다. 사람을 키워내지 않으면 사회가 영위되지 않는다. 아이를 키운 경험을 살려 이젠 손주를 돌보는 데 에너지를 투여하는 방법도 있다. 손주를 맡아 돌보는 게 체력적으로 힘들어서, 부모에게 아이 맡기기를 당연시하는 아이들이 얄미워서, 이젠 좀 가족이라는 짐을 벗고 자유롭게 살고 싶어서 손주 돌보기를 꺼리는 사람이 늘고 있다. 그렇다면 꼭 사람이 아니더라도 무언가를 돌보고 챙기며 정신 건강을 관리하자.

50이 넘어서면 아픈 부모를 간병해야 하는 문제와 맞닥뜨릴 수도 있다. "효도하려고 하면 이미 부모님은 이 세상에 안 계신다"는 말이 있듯이 부모님 살아생전에 자신이 할 수 있는 최선을 다하면 부모님이 돌아가셔도 후회가 크지 않다. 하지만 최근에는 아픈 부모님을 간병하기 위해 직장을 그만두거나 높은 병원비 때문에 가족의 근간이 흔들리는 일이 발생하기도 한다. 이럴 경우엔 나 자신을, 가족이라는 울타리를 지키면서

동시에 부모 또한 돌볼 수 있도록 타인의 도움을 빌리는 방법을 생각해보면 좋을 것이다. 지혜롭게 나를 잃지 않는 선에서 돌봄의 미학을 발휘하자.

지금 보살피고 있는 대상이 있는가?
그 대상을 돌봄으로써 얻을 수 있는 장점을 적어보자.

48

후세에 무엇을 남길지 생각해본 적 있는가?

50세가 넘으면 젊은 세대에게 자신이 무엇을 전할 수 있는지, 무엇을 남길 수 있는지 한 번쯤 생각해봐야 한다. 이런 일을 직업으로 갖고 있는 사람들이 바로 교육자다. 나는 교사가 되고 싶다는 학생들에게 "교사는 연면히 축적되어온 인류의 문화를 계승하고 전달하는 사람이다. 그것을 명심해라!"라고 가르친다. 하지만 이는 단지 교사에게만 국한된 이야기가 아니다. 누구나 후세에 전달할 지식이나 기술을 갖고 있다.

내가 후세에 남길 만한 기술을 갖고 있는지 생각하는 과정에서 그동안 미처 깨닫지 못했던 내 재능, 장점, 노하우를 발견할 수 있다. 그리고 이 과정을 겪으며 '나도 아직 사회에 쓸모 있는 사람'이라는 소속감을 느낄 수도 있다.

에도시대 검술의 명인으로 이름 높았던 미야모토 무사시가 진정한 승부를 펼친 것은 28, 29세 무렵까지였다. 그리고 그의 검술이 보편적인 병법으로 인정받은 것은 50세가 넘은 뒤부터였다. 무사시는 60세 때 병법서인 『오륜서』를 쓰기 시작해 2년 동안 집필에 몰두했고, 책을 완성한 뒤 세상을 떠났다.

적을 베는 검법의 비결이 왜 오늘날까지 계속 읽히는 것일까. 무슨 일을 하든 그 길에서 숙련된 상태를 목표로 할 때 어떤 마음가짐을 지녀야 하는지 알려주기 때문이다. 무사시가 후세에 '전해 남기겠다'는 마음을 갖지 않았다면 오늘날 우리는 『오륜서』를 보지 못했을 것이다.

이와 같은 상황을 일본의 전통 가면음악극 노가쿠의 대성자 제아미(世阿弥)가 쓴 『후시카덴(風姿花傳)』에서도 찾아볼 수 있다. 제아미가 노가쿠 이론의 대표 저서가 된 이 책을 쓰지 않았다면, 이 책을 통해 노가쿠를 바라보는 그의 사고관이 세상 밖으로 나오지 않았다면 우리는 투철한 예도(藝道) 정신을 알 수 없었을 것이다.

당신은 후세에 무엇을 남길 수 있는가. 서예를 잘한다면 아이들을 모아 가르치는 것도 하나의 방법이다. 가슴을 울리는 좋은 말을 매체에 기고하는 것 또한 지식을 전달하는 좋은 방법이다. 우선 가까운 데서 찾아보자. 너무 사소해서 혹은 이런 걸 전해주는 게 의미가 있을까 싶어서 주저되는 일이라도 상관없다. 방언, 전통 축제, 연중행사, 향토요리, 우리 가족만의 레시피 등 무엇이든 좋다. 시간이 흘러 무엇이 어떤 의미로 확장돼나갈지는 아무도 알 수 없으니까.

나는 후세에 무엇을 남길 수 있을까?
내가 가진 장점, 기술, 노하우를 하나하나 적어보자.

잠깐 쉬어 가기⑥

가르치는 즐거움을 맛보다

"이것 좀 가르쳐주세요." 이런 부탁을 받고 기분 나빠 할 사람은 별로 없을 것이다. 사람은 기본적으로 자신이 알고 있는 것, 할 수 있는 것을 누군가에게 가르치고 싶어 하는 욕구를 갖고 있다.

나는 강의할 때 자주 두 사람씩 한 조를 이뤄 서로에게 무언가를 가르쳐주도록 한다. 한 사람씩 번갈아가며 서로 다른 주제를 가르치는데, 주제는 그 자리에서 바로 생각난 것 혹은 읽은 책 내용 등 다양하게 제시한다.

사상가이자 교육자인 요시다 쇼인은 감옥에 갇혀 있을 때 투옥자들끼리 서로 잘하는 것을 가르쳐주는 자리를 만들었다고 한다. 상대를 이해시키려면 우선 자신이 그것에 관해 충분히 이해하고 있어야 한다. 애매하게 알고 있는 상태에서는 말로 잘 설명할 수 없기 때문이다.

누군가에게 가르친다는 의식을 갖고 있으면 지식을 습득하는 단계에서 굉장히 능동적인 자세를 취하게 된다. 단순히 듣고 넘어가는 게 아니라 다시 곱씹어 생각하며 부족한 부분을 채우기 위해 질문하고 정보를 찾는 과정이 이어진다. 이렇게 점검하고 연습하는 과정에서 차츰 가르치는 데 숙달되고, 무언가를 잘하게 되면 그 일에서 재미를 느낀다. 잘 가르치는 사람과 못 가르치는 사람은 따로 정해져 있지 않다. 내가 그것을 온전히 이해했느냐 못 했느냐의 차이, 상대가 이해하기 쉽도록 지식을 전달할 수 있느냐 없느냐의 차이일 뿐이다.

타인을 가르치는 일은 자기긍정감과 자신감을 심어준다. 동시에 타인을 돕고 세상에 공헌할 수 있다는 기쁨도 가져다준다. 다양한 사람과 교류하며, 예상치 못한 질문을 받고 전혀 생각지 못한 시각을 접하며 신선한 자극을 얻고 스스로 더 발전하는 계기가 되기도 한다.

사람들에게 무언가를 가르치는 일을 보람으로 삼는 사람은 나이가 들어도 활기차게, 열정적으로 살아갈 수 있다. 가르치는 일이 기력과 의욕의 순환을 도와 사회생활을 원활하게 하는 데도 일조하기 때문이다.

이제부터라도 '나는 무엇을 가르칠 수 있을까' 생각해보자.

49

롤모델로 삼고 싶은 사람이 있는가?

삶에는 정답도 오답도 없다. 누군가의 삶의 방식이나 가치관을 동경하느냐 마느냐는 자신이 '어떻게 살고 싶은가'와 일맥상통한다. 롤모델이 있으면 마음이 흔들릴 때마다 '그 사람이라면 이럴 때 어떻게 할까?' 상상하며 마음을 가다듬고 해법을 찾아나갈 수 있다. 인생의 롤모델을 가지고 있으면 마음이 항상 든든하다.

인생 후반기를 맞이한 지금 내가 롤모델로 삼은 인물은 소크라테스, 공자, 괴테 이 세 사람이다. 소크라테스는 이해할 수 없는 누명을 뒤집어쓰고 사형을 선고받았다. 탈옥할 기회가 있었지만 법을 어기고 싶지 않다고, 자신은 아무것도 두렵지 않다고 말하곤 스스로 독배를 들이켰다. 그의 이런 행위에는 원망도, 오만도, 집착도, 욕심도 없었다. 삶을 대하는 소크라테스의 자세와 대범한 인품을 본받고 싶다.

공자는 '이렇게 살아야 한다'는 강한 신념과 유연하게 타인을 받아들이는 자세를 갖추고 있었다. 지금이야 수많은 사람에게 존경받는 성인의 반열에 올라 있지만 공자의 인생도 결코 순풍에 돛 단 듯 순조롭기만 한 것은 아니었다. 그럼에도 여유를 잃지도, 남을 원망하지도 않았다.

공자와 소크라테스는 다른 시·공간에서 살아갔지만 삶을 대하는 그들의 자세에는 서로 통하는 면이 있었다. 공자는 "곤궁한 상황에 맞닥뜨렸을 때 소인배는 흔들리지만 군자는 동요하지 않는다"고 말했는데 죽음을 앞둔 소크라테스의 마지막 모습이 바로 이 군자와 같았다.

괴테의 인생은 일과 삶을 어떻게 영위해나가야 하는지에 대한 실마리를 제공한다. 그는 과거에 집착하지 않고 현재에 충실한 삶을 살았다. 끊임없이 마음을 갈고닦으며 변화를 두려워하지 않는 자세로 『파우스트』처럼 몇 번이나 읽고 또 읽을 멋진 작품을 남겼다. 사물을 중층적으로 인식하고 나이가 들어도 창작의 끈을 놓지 않았던 점은 분명 본보기로 삼을 만한 장점이다.

"이렇게 뛰어난 인물들을 롤모델로 삼다니 너무 허황된 것 아니냐"고 말할지 모른다. 하지만 자신을 작은 틀 안에 가둬 놓지 않으려면, 지금보다 조금이라도 더 나은 사람이 되고 싶다면 롤모델 역시 내가 생각하는 최고의 인물을 고르는 것이 좋다.

누구를 롤모델로 삼고 싶은가? 그 이유는 무엇인가?

50

죽음 이후를 상상해본 적 있는가?

'리빙윌(Living Will)'이라는 말을 들어봤는가? 종말기 의료에 관한 사전의향서를 가리키는 말로 혹시라도 본인이 의사 표현을 할 수 없는 상태에 빠졌을 때를 대비해 소생, 연명, 생명 유지와 관련된 의료 행위를 받을 것인지 말 것인지를 미리 표명해두는 것이다.

아무리 의료 기술이 발달해 100세 시대를 맞이했다고는 하지만 언제 무슨 일이 일어날지는 아무도 모른다. 갑자기 병으로 쓰러지거나 불의의 사고를 당할 가능성은 누구에게나 열려 있다. 병이나 사고는 나이를 가리지 않는다. 따라서 만일의 경우를 대비해 리빙윌을 써두는 편이 좋다.

특히나 갑자기 불행을 맞닥뜨리면 가족이나 주변 사람들은 당황해서 어찌해야 할지 모를 것이다. 누구나 사랑하는 가족을 '살리고 싶어서' 최선을 다하려 할 것이다. 만약 본인이 의식 없는 상태의 연명 치료는 무의미하다고 생각한다거나 그럼에도 주변 사람이 작은 가능성조차 포기하지 않기를 바란다면 미리 어떤 의료 행위를 받고 싶은지, 어떤 마지막을 맞이하고 싶은지 가족과 이야기해두는 것이 좋다. 자신의 마지막을 이야기한다는 것에 거부감을 갖는 사람도 있을지 모르지만 이는 인생을 행복하게, 깔끔하게 마무리하기 위해 꼭 필요한 일이다.

어떤 마지막을 맞이하고 싶은지 적어보자.

3장

지금까지와는 다른 행복을 찾아서

얼마나 사느냐보다
어떻게 사느냐가 중요하다

마지막 장에서는 인생 후반에 무엇을 목표로 삼으면 좋은지, 50세부터 생각해야 할 인생의 행복은 무엇인지를 중심으로 이야기해보고자 한다.

1장에서 나는 50세부터 75세까지를 인생의 3기라고 지칭했다. 이때를 '황금기'로 부르며 이 시기에 자신의 가치관에 따라 마음이 기뻐하는 삶을 찾자고 강조했다.

수명은 점점 늘어나 인생 100세 시대로 접어들었지만 정작 우리가 건강하게 활동할 수 있는 '건강수명'은 그다지 늘지 않고 있다. 건강수명은 의료기관 또는 간병인에게 기대지 않고도 일상생활을 지속할 수 있는 연령을 가리킨다. 현재 일본에서는 남성이 72세, 여성이 75세 정도다.

건강에 문제가 없는 상태로 생활할 수 있는 기간이 인생 3기에 해당한다고 보면 된다. 건강을 잘 관리해 계속 별 탈 없이 활동할 수 있다면 이 시기는 점점 늘어난다. 오늘날에는 90세가 넘은 뒤에도 활발히 활동하는 초고령자가 늘고 있다. 이런 분들이야말로 인생의 황금기를 계속 연장하고 있는 셈이다.

반면 이 기간이 길면 좋다거나 짧으면 나쁘다고 말할 수 없다. 중요한 것은 얼마나 사느냐보다 어떻게 사느냐다. 즉 수명의 길이가 아니라 얼마나 만족하며 행복하게 사느냐가 중요하다는 말이다.

태어나서 25세까지인 1기는 무언가를 잘하고 못하느냐에 따라 삶의 질이 달라진다. 공부를 잘하느냐, 운동을 잘하느냐, 노래를 잘하느냐 등 개인이 가진 재능에 따라 여러 가지 일이 뜻대로 되기도 하고 삐걱거리기도 한다.

25세부터 50세까지인 2기도 대체로 이와 비슷하다. 일을 잘하느냐 못하느냐에 따라, 관계를 잘 맺느냐 못 맺느냐에 따라 꿈을 이루기도 하고 좌절하기도 하고, 수입이 많아지기도 하고 적어지기도 한다. 그런 일들의 연속이다. 당신도 지난 시간을 돌아보면 갖가지 억울하고 속상한 일들이 마구 떠오를 것이다. 그렇지 않은가.

하지만 3기로 접어들면서부터는 타인과의 생존 경쟁에서 벗어나 살아갈 수 있다. 자신의 의지와 가치관에 따라 자유롭게 움직일 수 있다. 설령 무언가를 썩 잘하지 못한다 해도, 성과가 기대에 미치지 못한다 해도 자신이 하고 싶은 일이라면 하면 된다. 남에게 피해를 끼치지 않는 선에서 마음껏 즐기면 그만이다. 이런 자유를 얻을 수 있는 시기다.

3기를 충실하게 보내면 시간이 더 흐른 뒤 인생을 되돌아보았을 때 '많은 일이 있었지만 뭐 대체로 좋은 삶이었어'라고 생각할 수 있다. 현재에 만족해야 그동안 자신이 걸어온 발자취를 긍정할 수도 있는 것이다. 인생을 모두 그대로 온전히 받아들일 수 있을 때 비로소 진정한 행복이 찾아온다.

◑

지금이야말로 인생 역전의 기회

끝이 좋으면 다 좋다는 말이 있다. 인생도 마찬가지다. 젊은 시절에 온갖 험한 일을 겪고 절망 속에서 몸부림쳤다 하더라도 고통을 이겨내고 끝내 재기에 성공했다면, 그래서 50세 이후를 평탄하게 보낸다면 나름대로 행복한 인생이었다고 생각하기 마련이다. 인생의 쓴맛을 경험해봤기에 지금의 행복을 더 소중히 여길 줄 아는 것이라고 웃으며 지난 세월을 추억할 수도 있다.

그러나 1기와 2기에 화려한 성공을 거두었던 사람도 3기에 들어서 실패를 경험하거나 은퇴 이후 설 자리를 찾지 못하면 '그동안 난 무얼 하며 살았나' 자책하며 지나온 시간을 모두 실패한 인생이라 생각하게 된다. 더욱이 화려했던 시절의 나와 현재의 나를 비교하며 비참한 감정에 사로잡히기 쉽다.

"그때는 참 좋았는데……. (지금은 하루하루가 지루해. 시시해 죽겠어.)"

"옛날엔 주변이 시끌벅적했었지. (어쩌다 이렇게 외롭고 비참해졌을까?)"

이런 생각을 하면 과거에 아무리 근사하고 멋진 인생을 살았다 해도 지금 삶에 대한 만족감 혹은 행복감은 옅어지고 만다. 반대로 지금까지 인생이 뜻대로 풀리지 않아 힘들게만 살아온 사람, 세상은 불공평하고 불합리하다며 분노에 차 살아온 사람, 열심히 산 것 같은데 막상 손에 쥔 것이 없어 허무함에 빠진 사람도 지금부터 에너지를 쏟아부을 일을 발견한다면 얼마든지 상황을 전환시킬 수 있다.

살아오면서 경험한 역경이 모두 인생 후반기를 행복하게 마무리하기 위한 의미 있는 과정이었다고 생각하려면 현재를 긍정하고, 순간에 충실하며, 지금에 만족하는 것이 중요하다. 이런 시간이, 이런 하루하루가 쌓이면 미래를 뒤덮은 불안도 사그라질 것이다.

따라서 지금 우리가 보내고 있는 이 3기가 매우 중요하다. 이 시기를 황금기로 만들어야 인생을 행복하게 마무리하며 자신의 삶 전체를 긍정할 수 있다. 나는 이제 늙었다고, 지금껏 이렇게 살아왔는데 후반생이라고 뭐 특별할 것 있겠냐고 지레 포기하지 말고 '지금부터'라도 마음을 다잡고 새로 시작해보자. 어쩌면 지금이야말로 당신에게 찾아온 인생 역전의 기회일지 모른다.

◑

평가와 비교의 굴레에서 벗어나 '진짜 나'로 살아보기

남은 인생을, 아니 인생 전체를 행복으로 물들일 수 있느냐 아니냐는 50세 이후 어떤 사고방식을 갖고 어떻게 행동하느냐에 따라 달라진다. 지금까지의 인생은 잘한다, 못한다를 기준으로 평가받는 일투성이였고 우리는 이런 사회 속에서 여러 가지 타협을 하며 살아왔다.

대부분의 사람이 '조직의 일원이라면 이렇게 해야 해', '여기서 이겨내려면 이렇게 해야겠지?', '우리 가족이 행복하려면 이렇게 해야 해'라고 판단하며 상식에 맞춰 살아왔을 것이다. 물론 이런 삶이 잘못되었다는 말은 절대 아니다. 그 역시 의미 있는 선택이었겠으나 앞으로는 '진짜 자신'으로, '진짜 자신'이 원하는 대로 살아가자는, 그렇게 살아도 된다는 뜻이다. 지금까지 짊어지고 온 짐을 하나씩 내려놓고 홀가분해지자. 그리고 자신의 의지대로, 생각대로 살아가자.

비상식적으로 살자는 말이 아니다. 사회의 통념이나 상식이라고 기정사실화된 기준에 사로잡혀 스스로를 틀 안에 가둬놓고 살기를 그만하자는 의미다. 물론 앞으로도 사회의 일원으로 살아가야 하므로 당연히 맡은 일에 최선을 다하고 가족을 생각해야 한다. 다만 내 뜻과는 다르지만 조직을 위해, 가족을 위해 마지못해 하지 말고 내 마음이 원하는 일을 하자는 것이다. 그 일을 하고 싶어서 견딜 수 없기에 한다는 방향으로 생각을 전환해보자.

예컨대 임금피크제로 예전 부하의 밑에서 일하게 되었다고 하자. 그런 상황에서도 '나는 이 일이 좋으니까 직함 같은 거 상관없어. 수입이 다소 줄어들더라도 이 일을 계속 하고 싶으니까'라고 생각하면, 즉 가치의 무게 중심을 직함이나 수입에서 '일' 자체로 옮기면 즐거운 마음으로 일할 수 있다.

정년 후의 재고용도 마찬가지다. 아직 일을 해야만 하니까 할 수 없이 하는 게 아니라 자신이 새롭게 도전해보고 싶은 일을 골라 시작하면 상황을 바라보는 시각이 달라질뿐더러 의욕도 샘솟을 것이다. 이제는 자신을 기준으로 삼아 살아가야 한다.

일상을 '해야만 하는 일'로 채우지 말고 자신이 '하지 않고는 배길 수 없는 일', '하고 싶어서 견딜 수 없는 일'로 채워나가자. 이렇게 주체적이고 능동적인 사고로 하루하루 살아나간다면 진짜 내가 저절로 부각될 것이다.

◑

평판, 지위, 돈, 명예에서 자유로워지는 연습

'진정한 나'로 거듭나려면, 내가 살고 싶은 대로 살려면 어떻게 해야 할까? 우선 자신을 가두고 있는 틀을 벗어버리는 것이 중요하다. 50세부터는 다양한 관념과 감정에 사로잡혀 있는 의식을 하나씩 정리해야 한다. 주위의 평판과 체면이라는 허울 뒤에 숨는 비겁함, 과거의 영광 혹은 손안에 쥐고 있는 권익을 향한 집착, 남을 원망하고 시기하는 어두운 감정, 이런 부정적인 사고와 감정을 과감하게 잘라버리려는 태도를 갖추어야 한다.

그리고 이때 철학서나 삶의 지침을 제시해주는 고전이 큰 도움이 된다. '어떻게 살아야 하는가'라는 물음을 던지고 진지하게 답을 구해온 선인들의 뛰어난 지혜를 다시금 만나보라. 젊었을 때 읽은 책도 50세가 되어 다시 읽으면 사뭇 다른 느낌으로 다가올 것이다.

『논어』 역시 그렇다. "30세에 삶의 목표를 세운다(이립〔而立〕), 40세에는 유혹에 흔들리지 않는다(불혹〔不惑〕), 50세가 되면 하늘의 뜻을 깨닫는다(지천명〔知天命〕), 60세에는 도리에 순응하게 되고(이순〔耳順〕), 70세에는 마음이 하고 싶은 대로 살아도 법도에 어긋남이 없다(종심〔從心〕)." 『논어』에 나오는 이 구절을 많은 사람이 알 것이다. 젊을 때는 천명을 알게 된 후 '귀가 순해져 무슨 말을 들어도 쉽게 이해가 되고, 하고 싶은 대로 살아도 법도에 어긋나지 않는' 경지가 있다는 구절을 아무리 읽어도 그다지 가슴에 와닿지 않을 것이다. 하지만 50세가 되어 다시 읽으면 그 말뜻이 속속들이 이해가 된다. 나이가 들면서 마음도 함께 성숙해졌기 때문이다. 하늘의 뜻을 안다는 것은 그것이 바로 인생의 목표가 아니라 오히려 그때부터 더 유연한 삶의 지혜가 열린다는 의미이다.

60세가 되면 나를 드러내고 과시하겠다는 마음을 버리고 남의 말에 귀 기울일 줄 알게 된다. 70세가 되면 자신의 판단대로 자유롭게 행동해도 도리에서 벗어나는 일이 없어진다. 즉 세상에 이로운 일을 행할 수 있게 된다. 이러한 데까지 생각이 미치는 시기는 역시 50세 무렵부터일 것이다.

공자가 전하고 싶었던 말은 무엇일까. 나는 '그런 경지에 다다르려면 매일 자신을 갈고닦으며 끊임없이 배우려는 마음가짐을 갖는 것이 중요하다'고 해석했다.

오늘날 안티에이징이라는 말이 유행하고 있지만 반대로 마음은 나이 들어감에 따라 더 성숙해지고 깊이를 더해간다.

당신도 지금까지 많은 일을 겪어왔을 것이다. 수많은 굴곡을 경험하면서 '아! 그렇군' 하고 세상의 이치가 마음속으로 스며든다. 나이 들어갈수록 사물을 이해하는 정신에 탄력이 붙어 옛 현인들의 말씀이 마음에 무거운 울림을 준다.

인생의 후반기를 어떻게 살아가야 하는가 고민될 때 고전을 펼쳐보고 싶어지는 것은 자연스러운 현상이다. 20대도 고전을 이해할 수 있지만 고전 속에 담겨 있는 숨은 의미까지 깊이 음미하고 인생의 지침서로 활용하게 되는 시기는 아무래도 50대부터라고 할 수 있다.

집착과 욕망을 의욕으로 전환하기

불교의 기본 가르침 중에는 집착을 버리라는 말이 있다. 지위, 명예, 돈, 물질 등 다양한 욕망을 잘라냄으로써 마음의 평온을 얻는다. 욕망과 집착으로 어지러워진 마음을 다스리는 방법이다.

불교에 입문해 속세를 등진 사람들에게는 집착을 내려놓는 것이 수행의 길이지만 속세에서 사람들과 부대끼며 살아가는 우리는 그들처럼 집착과 욕망을 놓아버리기가 쉽지 않다. 욕구와 집착이 있기에 '이것을 손에 넣으려면 열심히 해야지' 하는 의욕이 솟아나는 것 또한 사실이다. 집착을 버림으로써 목표를 향해 나아가겠다는 에너지나 활력마저 없어진다면 이 또한 난감한 일이 아닐 수 없다.

그렇다면 우리는 어느 지점에서 욕망과 활력의 균형을 잡아야 할까? 건강한 동기부여는 어떤 식으로 이루어져야 하는 것일까?

고대 인도의 대서사시 『마하바라다』의 「바가바드기타」 편에는 현자 크리슈나가 현세의 의무를 다하면서 해탈에 이르는 길을 설명하는 부분이 등장한다.

> 당신이 해야 할 일은 행위 자체에 있다. 결코 그 결과에 있지 않다. 행위의 결과를 동기로 삼을 수는 없다. 또한 행동을 하지 않는 데 집착해서도 안 된다.
>
> 집착을 버리고 성공과 실패를 평등하게 보며, 요가에 입각해서 모든 행위를 하라. 요가는 평등의 경지라고 한다.

결과를 동기로 삼는 행위란 대가를 얻을 수 있다거나 이 일이 성공하리라는 이유 때문에 하는 행위를 가리킨다. 크리슈나는 결과에 집착해선 안 된다고 강조한다. 성공과 실패를 생각하지 말고 행하라, 이 세상에 태어난 이상 결과에 얽매이지 말고 자신이 결정했다면 그 일에 집중해 실행해나가라는 뜻이다.

'요가'라고 하면 건강과 미용을 위해 하는 심신 단련법을 떠올릴지 모르지만 고대 인도에서는 정신을 통일하는 수련을 일컬었다. 평정심을 유지하는 경지에 이르러 그 일이 성공하든 실패하든 달라지는 것은 없다는 사실을 인식할 수 있어야 한다는 의미다.

결과를 동기로 삼지 말고 행동하라. 이 단순한 메시지는 현실 사회에서 의욕을 잃지 않으면서도 집착을 떨쳐버린 채 살아가는 데 중요한 힌트를 제공한다.

◑

해묵은 후회를 털어버리는 법

50세가 되어 '어떻게 살 것인가'를 생각할 때는 '다시'라는 말이 하나의 키워드로 작동한다.

"사실은 이렇게 하고 싶었어."

"다른 방법도 있었는데 당시에는 그걸 깨닫지 못했어."

이처럼 후회가 남는 경험은 누구에게나 한 가지쯤 있을 것이다. 살아온 시간이 축적될수록 후회로 남는 일 역시 쌓여가고 아쉬움의 감정은 점점 진해진다. 이런 감정을 매듭짓고 끝내버리기 위해 후회로 남은 일을 '다시' 해보면 좋다. 후회의 앙금을 활력의 원천으로 끌어올리고 아픔, 고통, 좌절 같은 부정적인 감정을 '이번에야말로'라는 의욕으로 전환하는 것이다.

나는 50세 때 첼로를 배우기 시작했다. 언젠가 친한 친구들과 부부동반으로 만날 기회가 있었다. 나 말고는 모두 악기를 하나씩 다룰 수 있었던지라 그날은 악기를 가져와 함께 연주하기로 약속한 터였다. 친구들이 클래식 소곡을 몇 곡 연주하는데 그 모습이 그렇게 감미롭고 멋져 보일 수 없었다. 그리고 그때 '아! 나도 피아노를 계속 배웠더라면 좋았을 걸' 하는 후회가 밀려왔다. 나는 초등학생 때 잠시 피아노를 배웠다. 당시만 해도 피아노는 여자아이들이나 배우는 것이라 생각했고, 그래서 그랬는지 피아노 치는 것이 전혀 재밌지 않았다. 그보다는 밖에서 친구들과 야구를 하며 뛰노는 게 훨씬 더 즐거웠다. 나는 피아노 레슨을 그만두고 운동장을 뛰어다녔다.

그 후로도 나는 종종 내가 이렇게나 좋아하는 음악을 직접 연주해볼 수 없다는 사실에 아쉬움을 느끼곤 했다. 그러다 친구들과의 부부동반 모임이 결정타가 되었던 것이다.

지난 일을 되돌릴 순 없지만 지금 내가 어떻게 행동하느냐에 따라 다가올 미래는 바꿀 수 있다. '악기를 다루지 못하는 자신'에게서 탈피하고 싶었던 나는 첼로를 배우기로 마음먹었다. 어릴 때 배웠던 피아노가 아닌 첼로를 고른 이유는 몇 가지가 있는데 우선 친구들과 합주하기에는 현악기가 좋을 것 같았고, 두 번째 이유는 내가 좋아하는 시인이자 동화작가인 미야자와 겐지가 즐겨 연주하던 첼로를 나도 연주해보고 싶었기 때문이다.

3년쯤 레슨을 받은 뒤에야 악기를 전혀 다룰 줄 모른다는 콤플렉스에서 벗어날 수 있었다. 어떻게든 몇 곡은 켤 수 있게 되었고 이와 더불어 아무래도 첼로는 내게 잘 맞지 않는다는 사실도 알게 되었다. 배우고 싶어서 시작하기는 했지만 첼로 생각이 머릿속에서 떠나지 않는다거나 첼로를 켜고 싶어 못 견딜 정도로 빠지지는 않았던 것이다.

그래도 이제는 "첼로를 약간 연주할 줄 압니다"라고 당당하게 말할 수 있다. 그리고 어찌 됐든 사람들과 함께 첼로를 연주할 때는 매우 즐겁다. 지금은 1년에 몇 번밖에 첼로를 켜지 않지만 오랫동안 후회로 남았던 일을 후련하게 끝맺음해 털어버릴 수 있었고, 그 과정에서 나는 악기 연주에 재능이 없다는 사실을 덤으로 알아냈다.

후회로 남은 일에 다시 한 번 도전해보자. 이렇게 하나하나 도전해나가다 보면 결과가 어떻든 마음이 점점 경쾌해지는 경험을 하게 될 것이다.

◑

경험을 무기로 다시 도전하는 힘

앞서 말했듯이 인생의 후반기에 접어들면 동창회나 다양한 모임을 통해 오랫동안 보지 못했던 옛 친구들을 만날 기회가 많아진다. 모두 조금씩 여유가 생기기 때문일 것이다. 옛 친구와 만나면 편하게 이런저런 이야기를 나누며 우리가 젊었던 그때 그 시절을 추억할 수 있다. 한편으론 무모하고 치기 어렸던, 한편으론 열정이 넘쳤던 과거를 회상하며 그때로 돌아간 것 같은 활기를 느낀다.

나는 이렇게 옛 친구를 만나 즐거운 시간을 가질 때마다 '알던 친구를 다시 만나 새롭게 교제하는' 이 감각을 사람과의 관계뿐 아니라 여러 분야에도 적용하면 좋지 않을까 생각한다.

후회로 남았던 일에 도전해 앙금을 씻어내리거나 한때 좋아해 취미로 즐기다 생활에 쫓겨 접어두었던 일을 다시 시작해보는 것이다. 나는 이처럼 다시 도전하는 일, 재회를 즐기는 일을 '다시 도전하는 힘'이라고 이름 붙였다.

영어로 말하면 're-○○○', '다시 한 번 ○○○한다'는 감각을 즐기는 일이다. 고전을 다시 읽는다, 예전에 보고 감동받았던 영화를 다시 한 번 본다, 다시 외국어를 공부한다, 어릴 때 살았던 장소 혹은 나만의 추억이 깃든 장소에 다시 찾아간다, 배우다 만 테니스를 다시 시작한다 등 여러 가지가 가능할 것이다. 지금 다시 해봄으로써 예전에는 미처 몰랐던 매력을 한층 더 성숙해진 눈으로 재확인하고 재발견할 수 있다. 그리고 이 과정 속에는 인생의 원숙기이기에 맛볼 수 있는 행복의 씨앗이 꽉 들어차 있다. 도전해보지 않으면 모를, 발견되어지기를 기다리고 있는 행복의 씨앗이.

◑

점점 경직되는 사고에 기름칠을

'다시 한 번'에는 안도감이 있다. 알고 있음이 주는 안도감이다. 안심이 된다는 건 자극이 적다는 뜻이기도 하다. 항상 익숙한 장소, 편안한 장소에만 있으면 마음이 안정될지 모르지만 신선한 경이로움이나 두근두근 설레는 마음은 부족해서 내 안의 세계를 넓히기가 어렵다. 익숙한 것, 잘 알고 있는 것에만 안주하고 싶어 하는 심정은 '이것 아니면 안 돼', '여기 말고는 싫어'라는 경직된 사고의 발현이다. "나는 이 식당 음식밖에 먹지 않아", "나는 이것밖에 안 봐"라고 주장하는 사람은 언뜻 소신을 가진 것처럼 보이지만 다르게 생각하면 고정관념에 사로잡혀 스스로 자신의 세계를 좁히고 있음을, 시시한 인생을 살고 있음을 고백한 것에 다름 아니다.

새로운 일에 관심을 갖는 호기심과 더불어 그것을 받아들일 수 있는 마음의 유연성을 기르려면 '처음으로 하는' 일도 적당히 즐기는 편이 좋다.

스시를 먹으러 갔는데 항상 가던 단골집이 임시휴업이라고 하자. 그럴 때 발길을 돌려 또 다른 단골집에 갈 것이 아니라 지금이야말로 새로운 스시집에 도전할 좋은 기회라고 생각한다. '앗! 이 가게도 꽤 맛있네'라고 반응하게 된다면 소중한 발견을 한 셈이다. 매번 가던 단골집 외에도 맛있는 가게가 있다는 사실을 알게 되어 선택지가 하나 더 늘어났기 때문이다. 이와 더불어 새로운 가게에 다니며 새로운 만남을 이어갈 기회 또한 얻은 것이다.

만약 '역시 항상 가던 그 집이 더 맛있어'라는 생각이 들었다 하더라도 그 또한 소중한 깨달음이다. 새로운 곳에 가봤기 때문에 항상 가는 가게의 장점을 다시 한 번 확인할 수 있지 않았는가.

나이가 들면 자신도 모르게 사고가 경직되어 보수적인 생각 안에 갇히기 십상이다. 이를 방지하려면 자꾸 새로운 것에 부딪쳐야 한다. 삶 전체가 뒤흔들리는 자극은 해로우니 8 대 2라든지 7 대 3 정도의 비율로 '처음 맛보는 자극'을 받아들이면 좋지 않을까. 내면의 순환이 멈추지 않도록, 마음이 조금 더 유연해지도록 말이다. 물론 더욱 강한 자극을 원한다면 '처음'의 비중을 높여도 좋다.

'처음'이 주는 신선한 감각에는 마음이 젊어지는 느낌, 되살아나는 느낌이 있다. 익숙한 일을 다시 하는 '다시 도전하는 힘'에는 이전에 알았던 것을 더 깊이 알아가는 재미가 있다면 '처음 도전하는 힘'에는 설레는 활력이 있다. 그리고 이 활력은 자칫 무미건조할 수 있는 나날을 풍요롭게 채색해준다.

이제부터라도 가본 적 없는 장소에 간다거나 해본 적 없는 일을 시도해보자. 요즘 50세는 매우 젊다. 기존에 갖고 있던 50이라는 고정관념에 갇혀 새로운 것을 하기엔 늦었다고 지레 포기하지 말고 '처음'을 즐기겠다는 마음을 갖자. 그리고 처음 무엇을 해보고 느낀 감정을 '오늘은 첫 ○○을 했다'고 적어보라. 첫 ○○이 쌓이면 쌓일수록 삶이 신선한 활력으로 가득 찰 것이다.

◑

좋아하는 일에 푹 빠졌을 때 생기는 놀라운 변화

50세 이후 몰두해 빠져들 수 있는 무언가를 만들어두면 에너지를 활발히 샘솟게 하는 데 큰 도움이 된다. 특정한 무언가에 빠져드는 일, 즉 '늪'에 관한 이야기는 2장에서도 이미 했지만 쉬운 듯한 이 일을 의외로 실천하지 않는 사람이 많아 다시 또 언급하고자 한다.

일이든 취미든 무엇을 하든 일단 늪에 빠진 기분으로 그 안에 흠뻑 잠겨보는 것이 중요하다. '처음'을 즐기는 감각이 만남의 폭을 넓히는 경험이라면 '늪'에 침잠하는 것은 하나의 세계 속으로 깊이 들어가는 듯한 감각이다.

지금까지 살아오면서 누구나 한 번쯤 무언가에 빠진 경험이 있을 것이다. 책, 음악, 영화, 카메라, 만화, 자동차 등 그 분야에 관해서라면 누구보다 많이 알고 누구보다 많이 이야기할 수 있다.

좋아서 하는 취미 생활뿐 아니라 생계를 위해 시작한 일에서도 열심히 몰두하는 동안 그 분야의 달인이 된다. 처음엔 기계적으로 임했다 하더라도 시간이 흘러 세세한 부분까지 알게 되고 몸에 익으면 그 일의 재미와 매력을 깨닫는다. 그리고 깨닫는 것이 많으면 많을수록 더 큰 보람을 느낀다. 그런 의미에서 보면 업무에 몰두하는 것 또한 '늪'에 빠지는 과정이다.

평생 즐길 수 있는 일을 찾아낸다면 매우 행복할 것이다. 얼마 전까지만 해도 한 분야만 집요하게 파고드는 사람을 '오타쿠'라 부르며 폐쇄적이고 음울하고 사회에 적응하지 못하는 사람 취급했지만 지금은 전혀 그렇지 않다. 자신만의 개성을 살려 사람들이 주목하지 않는 분야의 전문가가 될 수 있고, 요즘은 인터넷이 발달해 자신이 쌓은 이런 전문 지식을 전 세계 사람들과 공유할 수도 있다.

지금도 늦지 않았다. 어쩌면 지금이야말로 의무라는 무거운 짐을 내려놓고 온전히 '늪'에 빠져볼 좋은 기회일지 모른다. 좋아하는 것에 푹 몸을 담그고 그것이 주는 쾌감, 인생을 풍부하게 만드는 그 느낌을 즐겨보자.

50대에 필요한 세 가지 축

① '다시 한 번'을 즐긴다.

② '처음으로'를 즐긴다.

③ '늪'을 즐긴다.

'다시 한 번', '처음으로', '늪', 이 세 가지 축이 50세 이후 에너지를 활발하게 순환시키는 동력이 된다.

'다시'는 예전에 맺었던 인연을 소중히 이어나가는 일이다. '처음'은 새로운 만남을 받아들이는 일, '늪'은 한 가지 분야에 깊이 빠져 같은 취향을 가진 사람들과 인연을 쌓아가는 방법이다.

황금기에 필요한 세 가지 축

이 세 가지 축은 혼자 자신의 내면을 깊이 파고드는 게 아니라 항상 바깥세상과 어우러져 인연을 넓히고 관계를 깊게 만들어준다. 다시 말해 이 세 가지 요소를 의식해 행동하면 고립되지 않는다. 게다가 과거를 긍정하고 현재에 만족하고 미래를 희망하며 즐겁게 지낼 수 있다.

다시 새로운 일을 시작하든, 미치도록 좋아하는 일을 하든,

자원봉사 활동을 하든 모두 마찬가지다. 새로운 마음으로 다시 한 번 즐기고, 처음 접하는 일을 두려워하지 말고, 한 가지 분야에 깊이 몰두한다는 감각을 머릿속에 각인시킨 채 매사에 임해보자.

나는 이 세 가지 축이 50세 이후를 황금기로 만드는 아주 중요한 조건이라고 생각한다. 늘 이 세 가지 축을 가동시켜 에너지를 순환시키도록, 활력을 끌어올리도록 노력하자.

◑

어른의 공부

에너지를 쏟을 대상을 마땅히 찾을 수 없다면 우선 이전에 배웠던 것 중에서 하나를 골라 다시 시작해보는 건 어떨까. 옛날에는 재미는커녕 끔찍이도 싫었던 공부가 어른이 되어 다시 해보면 의외로 재미있다는 사실을 발견하기도 한다.

예컨대 소설가 나카지마 아쓰시가 쓴 단편소설 「산월기(山月記)」는 대부분이 학창 시절 국어 교과서에서 처음 접해보았을 것이다. 그때는 문제 풀이의 대상으로 보느라 작품의 진가를 제대로 느끼지 못했을 테지만 어른이 되어 다시 읽으면 당시에는 보이지 않았던 재미와 매력을 알 수 있다. 또렷하게 기억할 순 없더라도 읽어본 경험이 있기에 기본적인 지식을 디딤돌 삼아 더 깊은 곳까지 이해가 가능한 것이다.

일본의 역사나 세계사, 고문(古文), 영어도 학교에서 배운 적이 있으면 '아! 그건 알지' 하고 떠올린다. 조금이라도 알면 흥미가 생기기 쉬울 뿐 아니라 다시 배워볼 용기도 더 쉽게 낼 수 있다. 앞에서도 언급했지만 학교교육은 여러 가지 학문을 접해보게 해 관심 분야를 찾도록 유도한다는 목적뿐 아니라 이 지식을 바탕으로 추후에 더 깊이 공부할 수 있도록 디딤돌 역할을 한다는 목적도 갖고 있다.

예전에는 고등학생 90퍼센트 정도가 물리를 배웠지만 물리가 선택과목으로 바뀐 후 이수자가 줄어들어 지금은 80퍼센트가 넘는 학생들이 물리를 배우지 않는다고 한다. 이런 현상은 당연히 물리에 대한 관심이 줄어들고 물리 영역이 축소되는 결과로 이어질 것이다.

예컨대 누군가가 중력파를 발견해 노벨물리학상을 수상했다고 하자. 물리학에 관해 조금이라도 아는 사람은 이 뉴스를 보고 감탄할 것이요, 그렇지 않은 사람은 무엇이 어떻게 대단하다는 것인지 몰라 어리둥절해할 것이다. 이해할 수 없으니 마음에도 아무런 울림이 없다. 무언가에 놀라거나 감동하려면 그 대상에 관심을 갖고 조금이라도 알아야 한다.

학교에 다니면서 누구나 한 번쯤은 '이런 걸 배워서 어디다 써먹어'라는 생각을 해보았을 것이다. 재미도 없고 의미도 찾을 수 없었던 그 시간이 사실은 기초를 세우는 과정이었음을 명심하자. 작은 눈덩이가 단초가 되어 점점 커다란 눈덩이로 불어난다는 것, 이것이 우리가 잊지 말아야 할 핵심이다.

은은한 멋과 향이 우러나는 모습으로

많은 사람이 인생의 깊이를 와인이나 위스키의 숙성도에 비유한다. 50세는 성인이 된 뒤로도 30년 가까이 숙성 기간을 거쳐 도달한 나이다. '깊은 맛과 은은한 향취가 우러나는 나이가 되었다, 그만큼 깊은 내면을 지녔다'는 의미다.

오랜 세월에 걸쳐 쌓아온 지혜를 '예지(叡智)'라고 한다. 예지를 지니면 사물의 본질을 꿰뚫어 보고, 마음이 너그러워지며, 현명한 판단을 내릴 수 있다. 하지만 나이가 들었다고 해서 모두 예지를 지니는 것은 아니다. 당연히 사람에 따라, 그 사람이 살아온 삶에 따라 달라진다. 싫은 사람, 절망적인 상황 앞에서 불평불만만 늘어놓는 대신 그 경험을 통해 무엇을 배울 수 있는지 돌아보고 그것을 내 것으로 만드는 사람, 오만함에 빠져 내 말만 맞다고 우기는 대신 타인의 말을 듣고 생각을 확장해나가는 사람은 예지를 쌓을 수 있다. 나는 개인적으로 이런 예지를 가지고 있느냐 아니냐에 따라 인생 후반의 만족도가 결정된다고 믿는다.

예지를 익혀 내 것으로 만들려면 항상 열린 마음으로 무엇이든 배우려는 자세를 갖춰야 한다.

소설가이자 수필가인 고다 아야가 쓴 「세상을 배우다(このよがくもん)」라는 수필이 있다. 그 수필에는 이런 내용이 담겨 있다. 어릴 때 문예평론가이자 소설가로 유명한 아버지 고다 로한이 자신과 남동생에게 『논어』를 가르치기 위해 근처에 살고 있던 은퇴한 노인을 선생으로 들였다. 이 할아버지 선생은 일요일이면 그와 남동생을 데리고 아사쿠사(浅草)로 향했다.

아사쿠사에서 할아버지 선생은 그 지역 사람들 사이에 섞여 설렁설렁 거리를 걸어 다녔고, 때로는 야스기부시(安来節)라는 전통춤을 보며 넘치는 흥을 주체하지 못해 크게 소리를 질렀다. 남매는 그런 선생을 보며 민망해하는데 인생의 쓴맛, 단맛을 다 경험하고 이제는 자유롭게, 남들에게 폐 끼치지 않는 선에서 마음껏 생을 즐기는 그 노인의 모습이 어린 그의 눈에는 이해하기 어려워 보였으리라.

나도 20년쯤 전에 그런 멋진 노인을 만난 적이 있다. 동네

아이들과 함께 이 할아버지의 집에 종종 놀러 가곤 했는데 그 때 아이들은 할아버지를 "친구"라고 불렀다.

아이들과 격의 없이 어울리지만 말투나 행동에서 교양이 배어나와 "무슨 말이든 한 줄 써주시겠습니까?"라고 청하면 미야자와 겐지의 명언 같은 걸 쓱쓱 써줄 것 같은 분이었다. 아이의 천진함과 어른의 지혜가 공존하는 분으로 나도 몹시 따르며 친하게 지냈다.

그분이 스미다강을 따라 걸어보자고 산책을 제안해 근처에 사는 부모, 아이 예닐곱 명과 함께 길을 나선 적이 있다. 이 할아버지는 그곳에 자리한 절과 신사의 유래, 일화 등을 설명해주며 천천히 길을 걸었다. 머리 위로 찬란하게 쏟아지는 햇빛을 받으며 소리 없이 흐르는 강물에 눈길을 준 채 걷다 쉬다 이야기하다 웃기를 반복했다. 그리고 중간에 마을의 명물인 미꾸라지 요리로 배를 채웠다.

그분의 뒷모습을 줄곧 눈으로 좇으며 실로 인생의 지혜에 통달한 분이라고 생각했다. 나도 나중에 저 할아버지처럼 온갖 집착과 욕심을 내려놓고 얽매인 데 없이 훌훌 자유롭게, 여유롭게 나이 들어야겠다고 다짐했다.

◑

죽는 날까지 삶은 계속되어야 한다

인생 후반에는 무엇을 목표로 삼고 살아가면 좋을까. 이 책에서 줄곧 반복해서 던지고 있는 이 질문에 나는 "마음의 성숙을 추구하며 살라"고 답하고 싶다. 언제가 될진 모르지만 생이 다하는 그날까지 마음의 성숙을 꾀하고 인품을 다듬어가는 삶, 적어도 나는 그런 삶을 꿈꾼다.

공자는 "덕이 있는 인간이 되기 위해 노력하라", "군자를 목표로 하라"고 말했다. 그리고 덕이란 평생 연마해야 하는 것이라고 강조했다. 덕에는 '이 정도 했으면 이제 됐어. 할 만큼 했어'라는 한계가 없다. 무엇을 하든, 어떤 상황에 처해 있든 살아 있는 한은 항상 자신을 갈고닦아야 한다는 뜻이다. 자기 연마를 게을리한다면 "지금 너는 너 자신을 스스로 단념한 것이다"라는 공자의 말처럼 내 손으로 나의 한계를 정하고 자신의 가능성을 잘라내 버리게 된다.

『논어』에는 공자 사상의 진수가 가득 담겨 있다. 공자가 제자들에게 자신이 남긴 말을 정리하라고 지시한 것이 아니라 공자가 세상을 떠난 후 제자들이 평소에 스승이 한 말들을 모아 기록으로 남긴 것이다. 따라서 하나의 이론이 논리정연하게 전개되는 형태는 아니지만 모든 말에서 공자가 어떤 신념을 정신의 토대로 삼았으며 어떻게 살아가고자 했는지 일관성은 엿볼 수 있다.

덕은 무엇인가, 군자란 또 무엇인가. 한마디로 이해할 수 있는 물음은 아니지만 인생의 후반기에 들어서 예지를 쌓아가고자 하는 사람들에게 깊은 울림을 주는 인생의 지침서가 될 것이다.

공자와 함께 내가 존경하는 인물 중 하나인 소크라테스는 '정의', '선', '잘 살아가기'를 추구했다. 그는 자신의 마음을 돌보는 일이 매우 중요하다고 강조한다. 마음의 성숙을 추구하고 잘 사는 길은 분명 스스로 자신의 마음을 잘 돌보는 데 있을 것이다.

나 또한 공자와 소크라테스처럼 사고하기를 멈추지 않고 배움을 지속해나가고 싶다. 과연 어디까지 다다를지는 알 수 없다. 그래도 '아! 군자의 길은 역시 멀구나. 하지만 군자를 목표로 살아온 삶은 나쁘지 않았어'라고 생각하며 인생의 마지막 순간을 맞이할 수 있다면 좋겠다.

인생의 전환점에 선 당신 또한 나처럼 '잘 살아가기'를 목표로 삼아 매일매일 즐겁게, 기분 좋게 지내지 않겠는가!

맺음말

당신의 용기 있는 삶에 박수를

인생을 행복으로 이끌어주는 중요한 자질 중 하나가 바로 '용기' 아닐까. 능력이 있어도, 엄청나게 노력해도 생각대로 잘 되지 않는 일이 많다. 인생은 뜻대로 되지 않기 마련이다. 그럼에도 한 발 앞으로 내디딜 용기만 있다면 얼마든지 상황을 바꿀 수 있다. 무언가에 과감히 도전할 용기는 젊을 때 솟아나고 나이가 들면 점점 사그라진다고 생각하기 쉽다. 젊었을 땐 실패해도 금방 일어설 수 있지만 나이가 들어 실패하면 다시 일어설 만한 힘도, 시간도 얼마 남지 않아서 그대로 스러져버릴 수 있다고 여긴다. 그러나 사실은 그렇지 않다. 나이가 들면 경험치가 풍부해지고 그것이 새로운 일에 도전할 용기를 북돋운다.

성공뿐 아니라 실패, 뼈저린 후회도 많이 경험했다. 이것이 쌓여 '판단의 척도'가 된다. 현명한 지혜, 정확한 판단력을 갖추면 가보지 않은 길도 어느 정도 예상할 수 있고, 예상할 수 있게 되면 두려움이 줄어들며, 두려움이 줄어들면 용기가 솟아난다.

경험을 많이 쌓은 분야라면 앞날을 예측하기가 더 쉽고 판단도 빠르게 내릴 수 있다. 지금까지 해온 것과는 다른 분야에 도전한다 해도 큰 문제는 없다. 경험에서 얻은 지혜와 판단력, 결단력은 어떤 일을 하든 발휘할 수 있기 때문이다.

인생 후반기에 접어들면 누구나 젊었을 때보다 분별력이 높아진다. 그러나 의외로 많은 사람이 자신에게 경험이 풍부하다는 사실을 알면서도 그 경험이 다음 한 발을 내디딜 용기가 되어준다는 사실은 의식하지 못한다. 자신만이 지닌 강점과 무기가 무엇인지를 깨닫기 바란다. 경험은 힘이다.

하지만 반대로 경험 안에 갇혀 너무 신중을 기하다 보면 용기를 내는 데 방해가 되기도 한다. 그럴 때는 두뇌가, 마음과 신체가 굳어져 있지 않은지 객관적인 관점에서 자신을 점검해 볼 필요가 있다. 목표를 향해 나아가려면 유연하고 적극적인 몸과 마음을 지녀야 한다. 이는 인생 후반에 특히 중요하게 여겨야 할 요소다.

뻣뻣한 몸, 경직된 머리, 식어버린 마음은 삶을 힘들게 한다.

몸이 유연해야 마음도 유연해진다. 사고가 유연해야 살아가는 자세 또한 유연해진다. 인생은 내가 마음대로 조절할 수 없지만 내 몸과 마음은 스스로 조절할 수 있지 않은가.

유연하게 대응할 줄 아는 몸과 마음을 유지하느냐 못 하느냐는 자신이 추구하는 행복을 향해 나아갈 수 있느냐 없느냐를 판가름하는 중요한 기준이다.

> 배우고 때때로 익히니 즐겁지 아니한가.
>
> 벗이 멀리서 찾아오니 또한 기쁘지 아니한가.
>
> 남이 나를 알아주지 않아도 노여워하지 않으면 군자답지 아니한가!

이는 『논어』의 첫머리에 나오는 구절이다. '끊임없이 배우고 항상 복습하라. 그러면 지식을 얻고 언제든지 그것을 활용할 수 있다. 얼마나 기쁜 일인가. 친구가 멀리서 나를 떠올리고 찾아온다. 얼마나 즐거운 일인가. 세상 사람이 나를 알아주지 않고 제대로 평가해주지 않아도 성내거나 원망하지 않는다. 이 모습이야말로 군자가 아니겠는가'라는 의미다. 얼핏 수동적으로 보일지 모르지만 이를 실천하려면 유연한 사고력과 대처 능력, 커다란 용기가 필요하다.

앞에서도 여러 번 언급했지만 『논어』는 인생 후반에 마음의

'심지'를 세우는 데 가장 좋은 길잡이가 되어준다. 공자는 순탄하지만은 않은 인생을 살았으나 삶을 대하는 그의 자세는 참으로 유연했다. 몇 살이 되었든 배움의 끈을 놓지 않는 사람은 행복하다는 것이 교육학자로서의 내 신조이기도 하다. 끊임없는 배움이 변화를 낳고 변화가 유연성을 만들어내며 유연성이 용기를 샘솟게 한다. 배움을 축으로 남은 인생 절반을 가꿔나가면 행복이 내 안에 자리 잡을 것이다.

이 책을 계기로 독자 여러분이 나름의 행복론을 깨닫고 앞으로 펼쳐질 인생을 활짝 웃으며 즐겁게 살아가기를 바란다.

옮긴이 • 김윤경

한국외국어대학교를 졸업하고 일본계 기업에서 무역과 통번역을 담당하다가 일본어 전문 번역가로 방향을 돌려 새로운 지도를 그려나가고 있다. 현재 출판번역 에이전시 '글로하나'를 꾸려 외서 기획 및 각 언어별 번역 중개 업무도 함께 하고 있다.
역서로는 『나는 단순하게 살기로 했다』, 『홀가분한 삶』, 『커피가 좋아서』, 『나는 상처를 가진 채 어른이 되었다』, 『나는 왜 사소한 일에 화를 낼까』, 『나는 착한 딸을 그만두기로 했다』, 『만두와 사우나만 있으면 살 만합니다』, 『적당한 거리를 두세요』, 『철학은 어떻게 삶의 무기가 되는가』등 다수가 있다.

인생 절반은 나답게

1판 1쇄 펴낸 날 2019년 4월 30일
1판 2쇄 펴낸 날 2019년 9월 10일

지은이 | 사이토 다카시
옮긴이 | 김윤경

편 집 | 안희주
경영지원 | 정다운

펴낸이 | 박경란
펴낸곳 | 심플라이프
등 록 | 제2011-000219호(2011년 8월 8일)
주 소 | 경기도 파주시 광인사길 88 3층 302호 (문발동)
전 화 | 031-941-3887, 3880
팩 스 | 031-941-3667
이메일 | simplebooks@naver.com
블로그 | http://simplebooks.blog.me

ISBN 979-11-86757-40-6 03190

• 이 도서의 국립중앙도서관 출판시도서목록(CIP)은 서지정보유통지원시스템 홈페이지(http://seoji.nl.go.kr)와 국가자료공동목록시스템(http://www.nl.go.kr/kolisnet)에서 이용하실 수 있습니다.(CIP제어번호: 2019013053)